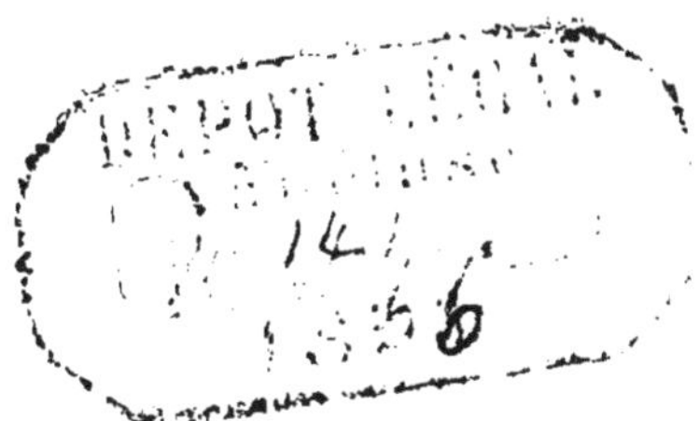

GUIDE PRATIQUE

POUR BIEN FAIRE SOI-MÊME SES

AFFAIRES

AMÉDÉE CHAILLOT, Imprimeur-Libraire-Éditeur, à Avignon.

GUIDE PRATIQUE

POUR FAIRE SOI-MÊME SES

AFFAIRES

INSTRUCTIONS ET MODÈLES

POUR RÉDIGER

LES ACTES SOUS SEING-PRIVÉ

LES PÉTITIONS

les Lettres, les Effets de Commerce, etc.

PARIS

V. SARLIT, LIBRAIRE, rue St-Sulpice, 25

—

AVIGNON

AMÉDÉE CHAILLOT, ÉDITEUR

Place du Change, 5

1865

GUIDE
EN AFFAIRES

INSTRUCTIONS PRÉLIMINAIRES

—

Pour se servir utilement des modèles que nous offrons, pour rédiger, soit des actes sous seing-privé, soit des pétitions, ou même pour écrire de simples lettres, il est nécessaire de bien comprendre que ce ne sont point ici des pièces à copier, mais simplement des exemples de ce qu'il y a à mettre par écrit, dans telle ou telle circonstance analogue à celle qui fait la matière du modèle proposé. Il faut donc bien observer ce qui s'applique *en général* à tous les écrits de même nature, et à ce qui est *particulier* à chaque affaire.

Ainsi, dans tous les actes, le nom et le domicile, la date, la signature, sont des choses *générales*; mais le nom et le domicile de chaque personne, le jour précis où l'acte est fait, les noms signés sont des choses *particulières*. Dans un acte de bail, le prix, la durée, le commencement du bail sont des choses *générales*; mais la fixation du prix à telle somme, la durée du bail à tant de mois ou d'années, le commencement à tel jour, sont des choses *particulières*; les conventions spéciales sont des choses *particulières*.

Dans une pétition, dans une lettre, la date, la suscription, la souscription ou les formules de salutation, la signature, sont des choses *générales*, les expressions de politesse, les félicitations, les vœux, les sollicitations, les supplications sont des choses *générales*; ce qui est *particulier* c'est les noms, les titres, le jour où l'on écrit, les objets dont on parle, les demandes que l'on fait.

De ces explications qui semblent superflues, il résulte qu'il est, dans les modèles contenus dans ce livre, des choses que l'on peut à la rigueur copier, d'autres qu'on peut imiter, et d'autres au contraire qui doivent être tirées de l'objet même pour lequel on écrit un acte, une pétition, une lettre. C'est en s'inspirant bien de ces observations que l'on pourra tirer un profit réel des modèles qui suivent. Ils sont assez nombreux pour que, dans la plupart des cas, on trouve ici le modèle dont on aura besoin; et même quand on ne trouverait rien qui répondît parfaitement à ce qu'on désire, la manière dont les diverses pièces sont rédigées indiquera à tout esprit intelligent ce qu'il y aura à écrire dans le cas qui s'en rapproche le plus.

Les conventions que l'on passe sous seing-privé ayant toujours une certaine importance, nous devons donner quelques avis sur les moyens de les bien faire. On trouvera en leur lieu les instructions qui regardent les lettres et les pétitions.

Il est bon de méditer à l'avance sur les conventions que l'on a l'intention de passer, et, sans se fier à sa mémoire, de noter par écrit les divers aperçus avantageux et désavantageux que présente la considération d'une affaire. Il est utile de connaître le caractère, les habitudes et les antécédents des gens avec lesquels on va contracter, pour savoir comment on doit se conduire avec eux ; il est bon aussi d'avoir une connaissance approximative de leur degré de solvabilité. On prend plus ou moins de sûretés morales ou matérielles suivant qu'on traite avec une personne loyale ou riche, ou avec quelqu'un d'une probité moins sévère, ou d'une fortune douteuse.

Il est bon encore de dresser par écrit le projet de convention que l'on veut faire, pour que les parties en prennent connaissance d'avance, qu'elles puissent en débattre les stipulations et la rédaction, de sorte que lorsqu'on est d'accord sur tout, il n'y ait plus qu'à en faire une ou plusieurs copies sur papier timbré, et à signer. Si l'on n'a pas quelques jours ou au moins quelques heures de réflexion avant de passer les contrats, on est exposé à être lésé, ou à laisser subsister des clauses de nature à faire naître des procès.

Il est également utile, avant de faire une convention importante, de consulter des gens instruits en affaires et reconnus pour être de bon conseil. On doit agir ainsi toutes les fois que l'on n'a pas une connaissance suffisante des affaires et des lois. Le conseil d'un homme de jugement est précieux, parce que n'étant pas intéressé dans l'affaire sur laquelle on le consulte, il la juge avec plus de sang-froid et risque moins de se tromper que celui que l'affaire touche dans ses intérêts les plus chers. En pareil cas, il faut se défier de soi-même, parce que l'émotion que provoque en nous toute affaire dont l'issue nous intéresse vivement, trouble souvent la netteté de notre intelligence, ne nous laisse pas voir clairement toutes les faces de la question.

et nous expose à l'erreur par un sentiment trop vif de ce que nous avons à perdre ou à gagner dans sa solution.

Les personnes qu'il convient de consulter sont celles qui ont su bien administrer leur fortune, et les jurisconsultes connus pour être ennemis de la chicane. Le bon administrateur vous fera connaître les précautions, les détails, les conditions, les expédients, dont l'expérience lui a appris les avantages. Le jurisconsulte vous apprendra quels sont les effets des expressions que le notaire emploie, les termes par lesquels il est plus à propos de rendre vos idées ; il vous dira ce que vous avez à espérer ou à craindre, ce qui est certain ou incertain relativement aux dispositions des lois générales et particulières, coutumes, usages ; il vous instruira des bonnes et mauvaises difficultés et chicanes de formes dont votre projet de convention est susceptible.

Ce serait une économie mal entendue, ou plutôt un manque d'économie, que d'épargner une très petite somme en honoraires, au risque de perdre de gros avantages ou de s'exposer à des procès, soit en attaquant, soit en défendant, qui sont toujours infiniment plus dispendieux, même en les gagnant, sans compter les peines d'esprit et de corps qui en sont inséparables.

Il faut apporter le plus grand soin pour rendre très claires les clauses des conventions, c'est-à-dire les conditions qu'on y ajoute pour expliquer ou étendre l'énoncé de ces conventions : deux motifs principaux doivent y faire éviter l'obscurité; le premier est que la plupart des procès sont occasionnés par des clauses obscures, dont le sens équivoque ou double prête à différentes interprétations; le second motif est qu'une clause qui a deux sens, ou dont l'étendue est incertaine, s'interprète d'ordinaire contre celui qui l'a fait mettre dans l'acte; il ne tenait qu'à lui de s'expliquer mieux.

Les conventions deviennent nulles par *erreur grave sur la nature de la chose;* par *erreur de calcul;* par *malentendu,* un des contractants ayant entendu une chose et l'autre une différente, en supposant que la méprise a pu se faire naturellement et n'est pas feinte, ou faite par la faute de la partie lésée. Par *erreur de fait,* par exemple, si une personne paye un objet déjà payé, par lui, sa femme, son commis. Les conventions où il y a fraude, dol ou tromperie, sont nulles, et donnent lieu à prononcer des dommages et intérêts contre celui qui en est convaincu.

GUIDE

EN AFFAIRES

MODÈLES

D'ACTES SOUS SEING-PRIVÉ

Des Actes sous Seing-privé en général.

Les actes sous seing-privé sont ceux que les parties font elles-mêmes, pour régler leurs affaires. Pour être produits en justice, ils doivent être enregistrés. C'est l'enregistrement qui leur donne une date certaine, ou bien la mort d'une des parties qui les ont signés. Ils doivent être datés, faits en autant d'originaux qu'il y a de parties ayant un intérêt distinct. Les signatures doivent être précédées de ces mots *approuvé* ou *approuvé l'écriture* quand celui qui signe n'a pas écrit le corps de l'acte. On trouvera d'ailleurs les règles essentielles des actes sous seing-privé au Code Napoléon, articles 1322 et suivants.

La rédaction des actes sous seing-privé est une chose très importante, et si les parties qui contractent ne se sentent pas parfaitement capables d'exprimer bien clairement leurs conventions, elles doivent s'adresser, au moins pour les actes de grand intérêt, à des personnes de confiance ou à des hommes d'affaires, pour ne pas s'exposer plus tard à des difficultés résultant des expressions ou des phrases obscures qui prêtent à des interprétations diverses.

On doit observer de ne rien mettre de superflu dans les actes, de ne rien y oublier d'essentiel, et de ne pas chercher à tout prévoir, ce qui est impossible. Ce qui n'aura pas été prévu sera réglé par la loi ou par la justice.

Il y a des inconvénients à vouloir mettre trop de choses dans les actes, car alors on paraît avoir prévu tous les cas, et les omissions qu'on aura pu faire seront interprétées dans un sens contraire à celui qu'on aura eu en vue, parce qu'on pourra dire : Vous avez stipulé avec de grands détails toutes les chances dont vous étiez convenus ; or, vous n'avez pas exprimé celle-là, donc vous n'en étiez pas convenus. Au contraire si l'on n'exprime que les choses essentielles, il s'en suit que les autres seront réglées par la loi ou les usages qui sont toujours conformes à l'équité. Par exemple, si vous faites sous seing-privé un acte de bail à loyer, et si vous n'y indiquez que le prix du bail, son commencement et sa durée, vous avez dit tout ce qui était essentiel, et le reste a la loi ou les usages des lieux pour règle. Au contraire, si vous écrivez minutieusement une foule de conditions particulières, ce sera souvent la plus importante qui vous aura échappé.

Formules générales.

Tout acte sous seing-privé doit commencer par exprimer quelles sont les personnes qui le font, leurs noms, prénoms, profession, domicile ; par exemple :

Je soussigné, Pierre Joseph Gauthier, marchand de meubles, demeurant et domicilié à Lyon, rue Grenette, n° 5, déclare, etc.

Et s'il y a plusieurs contractants :

Entre les soussignés, Dominique Ignace Leroy, menuisier, demeurant à Paris, rue des Bons-Enfants, n 6, d'une part ;

Et d'autre part, Louis Ambroise Colin, marchand de bois, demeurant et domicilié à Auxerre, grande rue, n° 8 ;

Il a été convenu ce qui suit :

Ces formules étant bien faciles à suivre, ou à modifier suivant le besoin, nous ne les répèterons pas à chaque modèle d'acte ; il nous suffira d'indiquer les clauses principales, qui devront toujours être précédées d'un préambule, destiné à exprimer les qualités et domicile des personnes.

Quelquefois, il y a utilité à indiquer d'une manière générale quel est le but de l'acte, par exemple.

Les soussignés... voulant mettre un terme à leur contestation....

Ou bien :

Le soussigné voulant pourvoir aux besoins de....

Ou encore :

Le soussigné, pour remplir l'obligation que la loi lui impose....

Le *corps de l'acte* contient l'objet même des stipulations. Si elles sont nombreuses, on peut les diviser par *articles* ou simplement par 1°, 2°, 3°, etc. Cette division aide beaucoup à la clarté. Le plus souvent, les premiers articles contiennent les clauses principales, et les derniers les accessoires.

Voici comment on peut terminer les actes sous seing-privé :

Ainsi fait et convenu en double (ou triple, etc.) original, à Rouen le quatre mai mil huit cent soixante-six.

Puis viennent les signatures, précédées des mots *lu et approuvé*, ou *approuvé l'écriture*, ou simplement *approuvé*.

Remarquez que la date doit toujours être en toutes lettres et non pas en chiffres, et qu'elle doit indiquer le lieu, le jour, le mois et l'année.

On peut encore terminer ainsi :

*Fait double (*ou *triple*, ou *quadruple*, etc.) *à Amiens le vingt avril mil huit cent soixante-six.*

Quand l'acte est fait par une seule personne, il suffit qu'elle mette la date et qu'elle signe, si c'est elle qui l'a écrit. Si ce n'est pas elle, sa signature doit être précédée des mots *approuvé* ou *approuvé l'écriture*.

Quand l'acte est un pouvoir, la signature doit être précédée des mots *bon pour pouvoir*.

Si c'est une promesse de payer, il est nécessaire que la signature soit précédée des mots *bon pour la somme de....* La somme doit être en toutes lettres.

Tous les mots *approuvé, bon pour....* doivent être de la main de celui qui signe.

D'après l'article 1326 du Code Napoléon, les marchands, artisans, laboureurs, vignerons, gens de journée et de service, sont exceptés de l'obligation de mettre les mots *approuvés ou bon pour...* avant leur signature. Leur signature toute seule est suffisante pour la validité de l'acte.

Ces observations générales étant bien comprises, devront être appliquées aux actes dont nous allons donner les modèles. L'intelligence des lecteurs suppléera sans peine aux détails qui seront particuliers à chaque affaire.

Pour aider à la rédaction de ces actes, et pour les rendre plus conformes aux lois, nous indiquerons les numéros des articles des codes qui s y rapportent. Après les avoir consultés, on aura toutes les lumières nécessaires pour régler les conventions avec équité, précision et clarté.

Tous les actes sous seing-privé doivent être faits sur papier timbré. Les personnes qui veulent faire usage de ces actes écrits sur papier non timbré, sont obligées de les présenter aux receveurs de l'enregistrement, pour être visés pour droit de timbre ; alors elles sont tenues d'acquitter le droit de timbre, et de payer une amende pour la contravention à la loi.

Les actes sous seing-privé obligent ceux qui les signent ; une simple lettre suffit même pour lier celui qui l'écrit. Mais il faut observer, en général, que 1° on ne peut rien demander en justice sur ces actes, à moins qu'ils ne soient enregistrés. * Il faut en excepter les billets à ordre, lettres-de-change et autres effets de commerce.

2° Ils ne font foi que lorsque la partie qui les a signés les a reconnus et avoués, soit en justice,

* On appelle *enregistrement* et autrefois contrôle, l'inscription des actes sur un registre public destiné à cet usage ; il sert à rendre leur date certaine, et à prévenir le faux. On peut passer un acte sous seing-privé sans le faire enregistrer, et le défaut d'enregistrement n'entraîne point sa nullité ; mais il faut observer que la date de cet acte, d'après l'article 1328 du *Code Napoléon,* n'est reconnue en justice pour certaine ou que cet acte n'a d'effet contre les tiers que du jour où il a été enregistré, ou du jour de la mort de celui ou de l'un de ceux qui l'ont souscrit, ou du jour où sa substance est constatée dans un acte dressé par un officier public, tel que procès-verbal de scellé ou d'inventaire ; et la raison, c'est qu'il dépend toujours des parties qui signent un pareil acte, de l'antidater.

Les actes sous signature privée, qui portent transmission de propriété ou d'usufruit de biens immeubles ; les baux à ferme ou à loyer, sous-baux, cessions et subrogations de baux, et les engagements de biens de même nature, doivent être enregistrés *dans les trois mois de leur date*, sous peine du double droit d'enregistrement.

soit devant un notaire, ou lorsqu'ils ont été reconnus par un jugement.

3° On ne peut contraindre la partie qui refuse de l'exécuter, qu'après un jugement qui l'y condamne.

4° On ne peut stipuler la convention d'hypothèque dans un acte sous seing-privé; les actes de notaires sont les seuls dans lesquels on puisse valablement stipuler la convention d'hypothèque. Mais quand un écrit sous seing-privé a été tenu pour reconnu par un jugement, le créancier peut, à défaut de paiement de l'obligation, et après son échéance ou son exigibilité, prendre un inscription hypothécaire sur les biens du débiteur.

5° Les billets portent intérêt du jour que la demande de paiement a été formée en justice.

Tous les actes doivent, à peine de nullité, être écrits en un seul et même contexte, lisiblement, sans abréviations, blanc, lacune, ni intervalle. Ils doivent énoncer en toutes lettres les sommes et dates, afin d'éviter les abus qui pourraient résulter de la facilité à dénaturer les actes, et à surcharger principalement les dates et les sommes qui ne seraient portées qu'en chiffres. Pour éviter les abus qu'on pourrait faire des signatures, on doit aussi observer de signer près du dernier mot qu'on a écrit.

Il ne doit y avoir dans un acte, ni interligne, ni addition, et les mots surchargés, interlignés ou ajoutés sont nuls. Si on est obligé de faire des ratures dans un acte, elles doivent être faites par un seul trait de plume ou de barre, passant sur les mots qu'on veut rayer, afin de pouvoir les distinguer et compter facilement le nombre de ces mots dont on doit faire mention au bas de l'acte, et approuver la rature, à peine de nullité.

Les renvois et apostilles, qu'on est quelquefois obligé de faire dans un acte, doivent être placés en marge de l'acte ; ils doivent être signés ou paraphés par les parties, à peine de nullité des dits renvois et apostilles. Si un renvoi est trop long pour être écrit en marge, il peut être transporté à la fin de l'acte ; mais dans ce cas il doit être non seulement signé ou paraphé comme les renvois écrits en marge, mais encore expressément approuvé par les parties, à peine de nullité du renvoi.

Toutes les parties intéressées dans l'acte doivent le signer, et signer tous les originaux qui en sont faits. Si quelques-unes des parties qui ont un intérêt distinct dans un acte ne le signent pas, l'acte est radicalement nul, et toutes peuvent exciper de la nullité ; mais cette nullité peut se couvrir par une signature donnée ensuite par les parties qui auraient omis ou refusé d'abord de signer tous les originaux.

Enfin les actes sous seing-privé, reconnus ou tenus pour reconnus, font foi non seulement contre ceux qui les ont souscrits, mais aussi contre leurs héritiers, leurs successeurs et ayants-cause.

De la Capacité des Parties contractantes.

Suivant les dispositions de l'article **1123** du Code Napoléon, toute personne peut contracter, si elle n'est pas déclarée incapable par la loi. Or, toute personne qui peut contracter, peut passer acte sous seing-privé.

L'article **1124** du Code Napoléon déclare incapables de contracter les *mineurs*, les *interdits*, les *femmes mariées* dans les cas exprimés par la loi, et généralement tous ceux à qui la loi a interdit certains contrats.

Du Consentement.

Le *consentement* est le fondement de toutes les conventions : dans le contrat de vente, il doit être mutuel. Il faut que le vendeur et l'acheteur aient accepté le marché ; jusqu'alors chacun peut se rétracter. Quand l'un et l'autre ont été d'accord sur la chose et sur le prix, si l'un refuse d'exécuter, l'autre peut l'y forcer, pourvu toutefois qu'il prouve la convention : à défaut de preuve, celui qui refuse est cru à son serment.

La promesse de vente vaut vente, lorsqu'il y a consentement réciproque des deux parties sur la chose et sur le prix ; et le vendeur est obligé de délivrer la chose vendue, comme l'acheteur à la payer (art. 1589 du Code Napoléon).

Le consentement, sans lequel il n'y a point de convention, ne peut être valable, s'il n'a été donné que par *erreur*, ou s'il a été extorqué par *violence*, ou surpris par *dol* (art. 1109 du Code Napoléon).

Des *arrhes*. Quelquefois, pour mieux assurer l'exécution de la promesse de vente, on donne des arrhes ; tantôt c'est le vendeur qui les demande, craignant qu'on ne lui laisse sa marchandise ; tantôt l'acheteur les veut donner pour mieux lier celui qui les reçoit, et former une preuve de la convention. Quelquefois l'on donne des arrhes pour tenir lieu de dédommagement en cas d'inexécution : mais il faut que les parties en soient convenues. L'intention que les parties ont eue en les donnant règle les contestations qu'elles peuvent faire naître.

Lorsque les parties n'ont fait aucune convention

particulière sur le sort des arrhes, leur effet est toujours d'obliger celui qui les a données à les perdre, s'il n'exécute pas la vente ; ou celui qui les a reçues, à rendre le double, si c'est lui qui manque au marché (art. 1590 du Code Napoléon).

MODÈLES

D'Actes sous Seing-privé.

DU MARIAGE.

Livre I, Titre V du Code Napoléon.

Consentement au Mariage.

Le soussigné. . . Déclare consentir au mariage de son fils, Jean Louis Granier, avec mademoiselle Louise Eugénie Barrot, fille de M. Pierre Barrot, et de dame Adélaine Vergier.

Autre.

Les soussignés. . . mariés, consentent au mariage de leur fille Louise Eugénie Barrot avec le sieur Jean-Louis Granier.

Autre.

Le soussigné. . . aïeul paternel du sieur Augustin Bernard. . . déclare consentir, à défaut de ses père et mère décédés, à son mariage avec la demoiselle Amélie Rougier.

Ces actes doivent être enregistrés avant d'être fournis à l'officier de l'État-Civil.

Fournitures d'Aliments.

Je soussigné. . . m'engage à servir à mon père. . . un pension mensuelle de. . . francs, payables d'avance, pour accomplir l'obligation que la religion, la nature et la loi s'accordent à m'imposer pour assurer son existence.

Autorisation du mari à la femme.

Je soussigné. . . Autorise mon épouse, Jeanne-Marie Rouvière, à ester en jugement, dans l'affaire de. . .

Ou bien, à donner quittance de la somme de. . . qu'elle doit toucher à titre de. . .

TUTELLE.

Livre I, Titre X du Code Napoléon.

Compte sommaire des Biens d'un Mineur.

Le soussigné. . . Tuteur de. . . voulant s'assurer si son pupille a des revenus suffisants pour son entretien et son éducation, a fait le compte suivant :

Recettes.	Loyer d'une maison sise à. . .	F.
	Rentes sur l'État.	
	Créance sur M.	
	Total des Recettes.	F.
Dépenses.	Logement, Nourriture, Habillements, etc.	F.
	Éducation.	
	Total des Dépenses.	F.

Il résulte de ce compte que les dépenses excèdent les recettes de . . . . F.

Affirmé la sincérité de ce compte sommaire.

A. . . le. . .

Compte de Tutelle.

Je soussigné. . . Tuteur de. . .

Ai dressé le compte suivant de la gestion de la tutelle, depuis le. . . où mes fonctions ont commencé jusqu'au. . . jour de la majorité de mon pupille.

Détailler toutes les recettes importantes avec leur date, indiquer mois par mois, ou année par année, les dépenses ordinaires d'entretien et d'éducation, et date par date les dépenses extraordinaires, et présenter le résultat final qui doit consister en une somme placée ou disponible, ou bien indiquer le déficit, s'il existe.

Duquel compte il résulte que je tiens à la disposition de mon pupille la somme de. . . *ou bien* que mon pupille m'est redevable de la somme de. . . *ou bien* qu'il est dû à diverses personnes la somme de. . .

Approbation d'un Compte de Tutelle.

Je. . . ayant reçu de M. . . mon tuteur, son compte de gestion et de tutelle, après l'avoir examiné attentivement, déclare que je l'ai trouvé parfaitement exact, et je lui exprime ici mes remercîments pour les soins dévoués qu'il a eus pour ma personne et pour mes biens.

SUCCESSIONS.

Livre III, Titre I du Code Napoléon.

Inventaire d'une Succession faite entre les Héritiers.

Nous. . . héritiers de. . . ayant résolu de procéder à l'inventaire de la succession, avons reconnu qu'elle se composait des biens meubles et immeubles suivants :

Biens Meubles.

Argent monnayé. *Mettre les sommes.*

Bijoux. *Les indiquer en détail, ainsi que tous les autres objets désignés.*

Argenterie.

Titres de placements de fonds. *Indiquer leur nature, si ce sont des placements sur les particuliers, sur les entreprises industrielles, sur les États, si les titres sont au porteur ou nominatifs, etc.*

Meubles meublants. Lits, chaises, fauteuils, canapés, tables, etc., etc.

Meubles d'ornement. Tableaux, vases, pendules, etc.

Instruments de musique, pianos, etc.

Vaisselle, batterie de cuisine.

Linge de corps, de lit, de table.

Matelas, paillasses, couvertures, etc.

Matériel relatif à la profession.

Biens immeubles.

Une maison, sise à. . . rue. . . n°. . . d'une superficie de. . . mètres carrés, avec. . . étages couverts en. . .

Une maison de campagne sise à. . . quartier de. . . dont les bâtiments se composent de l'habitation de maître, d'une ferme et de ses dépendances, et des terres d'une contenance de. . . savoir. . . hectares en terres arables, et. . . hectares en jardins, bosquets, pièces d'eau, allées, etc.

Une terre plantée en vigne située à. . . quartier de. . . de la contenance de. . . hectares. . . ares. . . centiares.

Une prairie sise au bord de la rivière de. . . de la contenance de. . . hectares.

Ainsi fait et arrêté entre nous à. . . le. . .

Partage.

Les soussignés Louis Roudier, Ambroise Roudier, Désiré Renard et Auguste Renard, les deux premiers fils et les deux derniers petits fils, par leur mère, de feu Jérôme Roudier, voulant partager à l'amiable la succession de leur père et grand' père, sont convenus de ce qui suit :

Article 1. La portion de Louis Roudier se composera de la maison, rue. . . évaluée à la somme de vingt mille francs, sur laquelle il aura à payer une soulte de quatre mille francs.

Art. 2. La portion d'Ambroise Roudier se composera de la terre au quartier de. . . évaluée dix mille francs, de quatre mille francs qui lui seront comptés par son frère Louis, et de deux mille francs qu'il aura à recevoir de ses neveux Désiré et Auguste Renard.

Art. 3. La portion de Désiré et Auguste Renard se composera de la vigne au quartier de. . . évaluée à huit mille francs, et d'une créance de dix mille francs, sur laquelle ils paieront deux mille francs à Ambroise Roudier.

Art. 4. Les frères Désiré et Auguste Renard se partageront comme ils l'entendront la vigne et la créance de dix mille francs, qui leur obviennent dans le présent partage.

Art. 5. Il sera fait trois lots du mobilier, des bijoux, de l'argenterie, lesquels lots seront tirés au sort. Celu qui obviendra aux frères Renard, sera partagé entr'eux deux comme ils l'entendront.

Art. 6. Moyennant l'exécution des conventions ci-dessus, les co-héritiers se tiennent mutuellement quittes, et renoncent à toute réclamation relative à l'héritage de leur père et grand' père.

Fait en triple original, à. . .

TESTAMENTS.

Livre III, Titre II du Code Napoléon.

Testament qui établit un légataire universel.

Je soussigné. . .

Lègue à M. Honoré Vallier, mon neveu, tous les biens meubles et immeubles que je possède, sans aucune exception.

Testament d'un mari en faveur de sa femme.

Je soussigné. . .

Lègue à mon épouse, Marie-Thérèse Audin, la totalité de mes biens meubles et immeubles, en toute propriété.

Ou s'il y a des enfants.

Je lègue à mon épouse tout ce dont la loi me permet de disposer en sa faveur.

Ou bien.

Je lègue à mon épouse le quart de mes biens en propriété, et le quart en usufruit.

Ou bien, s'il y a des enfants d'un premier lit.

Je lègue à mon épouse une part d'enfant.

Testament d'un père.

Je lègue à mes enfants la totalité de ma fortune, avec réserve de la jouissance de la moitié des revenus de mes biens en faveur de leur mère.

Autre.

Je lègue à chacun de mes enfants une part égale de ma fortune, à la réserve d'une somme de. . . à prélever avant tout partage, comme préciput et hors part, en faveur de mon fils aîné, qui m'a aidé par son travail à élever le reste de ma famille.

Autre.

Je dispose de tous mes biens en faveur de mes enfants de la manière suivante :

Je lègue à mon fils aîné ma maison de campagne sise à. . . avec toutes les terres qui y sont annexées.

Je lègue à ma fille aînée la somme de. . .

Je lègue à mon second fils, ma maison sise à. . . rue. . .

Je lègue à ma seconde fille la somme de. . .

Les sommes léguées à mes filles leur seront payées, 1o par égale part sur les sommes d'argent, ou titres d'effets publics, d'actions ou d'obligations existant à mon décès ; 2o le surplus, toujours par égale part, à ma fille aînée par mon fils aîné, et à ma seconde fille par mon second fils, avec hypothèque sur les immeubles que je lègue à ceux-ci respectivement.

Il sera fait des lots égaux de mes meubles, bijoux, argenterie, etc., lesquels lots seront tirés au sort entre mes quatre enfants.

Testament d'une femme en faveur de son mari.

Je lègue tout ce que je possède à mon bien-aimé mari,

sans autre réserve que ce que la loi alloue à mon père et à ma mère, s'ils sont encore vivants à l'époque de ma mort.

Je m'en rapporte à l'amour de mon mari, pour faire dire des messes pour le repos de mon âme.

Testament d'un homme qui n'a ni femme ni enfants.

Étant moi-même l'artisan de ma fortune, et ne devant rien à mes parents qui ne me regardaient pas tant que j'ai été pauvre, et qui ne se sont rapprochés de moi que quand ils m'ont cru riche, je lègue tous mes biens aux hospices de ma ville nátale, aux conditions suivantes :

Il sera servi une pension viagère de mille francs à mon petit-cousin A. qui s'est toujours bien conduit sans pouvoir arriver à l'aisance ; une autre pension viagère de mille francs à B. ma servante, qui m'a soigné dans mes maladies, même quand elle n'avait rien à attendre de moi.

Il sera dit cent messes basses le plus tôt possible dans l'année de mon décès, et une grand' messe chaque année le jour anniversaire de ma mort. A cet effet je lègue à la fabrique de Saint-P. ma paroisse, la somme de deux cent francs pour les cent messes basses, et une somme de quinze cents francs sur le revenu de laquelle la fabrique prendra les frais de la grand' messe annuelle.

Compte d'un exécuteur testamentaire.

Le soussigné Paul Imbert, nommé exécuteur testamentaire par testament de feu Jacques Montholon, rend compte de sa gestion aux héritiers du dit, MM. Joseph et Gustave Thomás.

Il a été trouvé à la mort du testateur une somme de. . . . . F.

Le produit de la vente du mobilier, hardes, etc. a été de. . . . .

Dont le total est de. . . . .

Le comptable a payé :

A M. le Juge de Paix pour apposition et levée des scellés. . . . .

Au commissaire-priseur pour la vente du mobilier. . . . .

Au receveur de l'enregistrement, pour les droits de succession. . . . .

Au sieur Louis Nicolas, pour le legs à lui fait par le testateur. . . . .

Total. . . . .

Il reste disponible la somme de. . . . . . .

Arrêté de compte d'un exécuteur testamentaire.

Les soussignés, vu le compte à eux rendu de sa gestion par le sieur Paul Imbert, exécuteur testamentaire nommé par testament de feu leur parent Jacques Montholon, d'après lequel le dit exécuteur testamentaire reste reliquataire d'une somme de. . . ont reconnu le dit compte exact. De plus ils lui donnent décharge de la dite somme de. . . qu'il leur a comptée.

Ratification d'un majeur d'un acte fait par lui pendant qu'il était mineur.

Je soussigné reconnais que la cession de ma créance sur B. de la somme de cinq cents francs que je lui ai faite le. . . époque où je n'avais pas encore atteint ma majorité, a été légitimement faite, et je viens par le présent la ratifier et lui donner une pleine validité.

CONTRATS OU OBLIGATIONS.

Livre III, Titre III du Code Napoléon.

Du Prêt.

Le *prêt* est un acte par lequel une des parties livre à l'autre une ou plusieurs choses, à la charge, par cette dernière, de les lui rendre en même nombre, espèce et qualité.

L'obligation qui résulte d'un prêt en argent n'est toujours que de la somme numérique énoncée au contrat. S'il y a eu augmentation ou diminution d'espèces avant l'époque du paiement, le débiteur doit rendre la somme numérique prêtée, et ne doit rendre que cette somme dans les espèces ayant cours au moment du paiement (art. 1895 du *Code*). Si ce sont des lingots ou des denrées qui ont été prêtés, quelles que soient l'augmentation ou la diminution de leur prix, le débiteur doit toujours rendre la même quantité et qualité, et ne doit rendre que cela (art. du *Code*, 1897).

Le prêteur ne peut pas redemander les choses prêtées avant le terme convenu. S'il n'a pas a été fixé de terme pour la restitution, le juge peut accorder à l'emprunteur un délai suivant les circonstances. (art. 1899 et 1900 du *Code*).

Si l'emprunteur ne peut pas rendre les choses prêtées, en même quantité, qualité, et au terme convenu, il est tenu d'en payer la valeur, eu égard au temps et au lieu où la chose devait être rendue d'après la convention. Si ce temps et ce lieu n'ont pas été réglés, le paiement se fait au prix du temps et du lieu où l'emprunt a été fait (art. 1903 du *Code*). Enfin, si l'emprunteur ne rend pas les choses prêtées ou leur valeur au terme convenu, il en doit l'intérêt du jour de la demande en justice (art. 1904 du *Code*).

Obligation simple pour argent dû.

Je soussigné L. . . reconnais devoir à M. B. . . la somme de. . . pour. . . *(exprimer la cause)*; laquelle somme je promets et m'oblige à lui rendre avec intérêts, à raison de cinq pour cent par an, *ou* sans intérêts, le. . . *ou* à sa première réquisition, en un seul paiement. A Paris.

Autre.

Je soussigné L. . . reconnais devoir à M. . . la somme de. . . pour. . . laquelle je promets et m'engage lui rembourser dans un an de ce jour, avec intérêts à cinq pour cent, en quatre payements égaux, de chacun. . . dont le premier s'effectuera le. . . le second le. . . le troisième le. . . le quatrième et dernier le. . . A. . . ce. . .

Caution simple pour le paiement d'une somme.

Je soussigné H. . . promets et m'engage en mon nom personnel, comme caution de M. G. . . de payer à M. E. . . la somme de. . . que le dit M. G. . . lui doit en vertu d'une obligation sous seing-privé, en date du. . . payable le. . . dans le cas où le dit M. G. . . n'effectuerait pas le paiement de la dite obligation au temps fixé ; renonçant au bénéfice de discussion préalable, et déclarant n'entendre en rien profiter quant au présent cautionnement.

Caution solidaire pour le paiement d'une somme.

Je soussigné H. . . promets et m'engage en mon nom personnel, comme caution solidaire de M. G... de payer à M. E. . . la somme de. . . que le dit M. G. . . lui doit en vertu d'une obligation sous seing-privé, en date du. . . payable le. . . dans le cas où le dit M. G. . . n'effectuerait pas le paiement de la dite obligation au temps fixé ; renonçant au bénéfice de discussion, et déclarant n'entendre en rien profiter quant au présent cautionnement.

Convention avec plusieurs cautions solidaires pour paiement.

Entre nous soussignés L. . . d'une part ;

Et D. . . d'autre part ;

A été convenu de ce qui suit, savoir :

Moi L. . . porteur d'une obligation de la somme de. . . souscrite par le sieur D. . . sous la date du. . . exigible de ce jour, consent par le présent, accorder au dit sieur D. . . un nouveau délai de paiement de trois mois, et annuler la dite obligation, qui sera remplacée par le présent ; à condition que le dit sieur D. . . me tiendra compte, à partir de ce jour jusqu'à celui de l'échéance, des intérêts de la dite somme de. . . à raison de cinq pour cent par an, et qu'il me donnera pour caution solidaire de la dite somme de. . . deux personnes solvables.

Ce à quoi le dit D. . . a consenti, et a de suite présenté les sieurs B. . . et G. . . que j'ai acceptées ; lesquels ont déclaré se rendre et constituer par le présent cautions solidaires du dit sieur D. . . envers moi L. . . pour le paiement de la somme de. . . et des intérêts de la dite somme, dans trois mois de ce jour, dans le cas où le dit sieur D. . . n'effectuerait pas ce paiement à cette époque : renonçant les dits sieurs B. . . et G. . . au bénéfice de discussion, dont ils n'entendent en rien profiter quant au présent cautionnement.

Fait et signé quadruple, à. . . ce. . .

Obligation solidaire pour payement.

Nous soussignés J. . . et L. . . reconnaissons devoir à M. G. . . la somme de. . . pour. . . *(désigner l'objet)*, qu'il nous a fourni à tous deux conjointement ; laquelle somme de. . . nous promettons et nous nous obligeons solidairement l'un pour l'autre de payer, dans un mois de ce jour, au dit M. G. . . avec les intérêts, à raison de cinq pour cent par an.

Acte de Cautionnement.

Entre les soussignés R. et S.

Il a été convenu ce qui suit :

R. se rend caution envers S. du payement d'une somme de mille francs que T. a empruntée au dit S. suivant son obligation sous seing-privé de ce jour.

En conséquence R. s'engage envers S. dans le cas où T. ne serait pas exact à lui rembourser les mille francs qu'il lui a prêtés, de les lui payer lui-même, aux termes et conditions stipulées avec T., mais seulement après discussion préalable des biens de T.

Ou bien : R. renonce au bénéfice de discussion préalable.

Fait double...

Acte de Cautionnement avec Obligation solidaire.

Entre les soussignés A. B. et C.

Il a été convenu ce qui suit :

A. reconnait devoir à B. la somme de mille francs que B a consenti à lui prêter et qu'il lui a ici même comptée en espèces, mais à la condition que A. lui présenterait une caution solvable qui s'engagerait solidairement avec lui.

En conséquence A. présente à B. qui l'accepte, C. comme caution, et C. s'engage à payer à B. dans le cas où A. ne payerait pas les mille francs prêtés, à les payer lui-même, en principal, intérêt, et accessoires, et C. renonce au bénéfice de discussion, sauf son recours contre B.

Fait triple à ...

Cautionnement mis à la suite d'une Obligation.

Le soussigné,

Vu l'obligation souscrite ci-dessus par A. en faveur de B. s'engage à être caution du payement de la somme de mille francs prêtée par B. à A. en principal, intérêts et accessoires, dans le cas où A. ne payerait pas à l'époque convenue, renonçant au bénéfice de discussion préalable.

Ou bien. Le soussigné ne sera obligé de payer qu'après que le débiteur principal aura été discuté dans ses biens, et pour la somme qui restera réellement due à B.

lorsque les biens n'auront pas produit une somme suffisante pour le paiement intégral.

Fait à ....

Contrat de Gage.

Entre les soussignés A. et B.

Il a été convenu ce qui suit.

A. reconnaît qu'il a reçu en prêt de B. la somme de mille francs, pour sûreté de laquelle créance A. a remis en gage et par forme de nantissement... *(désigner les objets)* que B. gardera par devers lui jusqu'au remboursement de la somme prêtée.

A défaut de payement de ladite somme, A. autorise B. à vendre les objets remis en gage, aux enchères publiques; l'excédant du prix sur la somme due sera remis à A. sous déduction des frais.

Fait double

Convention avec obligation solidaire.

Entre nous soussignés L. . . d'une part;

Et A. . . et B. . . d'autre part;

A été convenu ce qui suit, savoir :

Le sieur L. . . s'engage à fournir aux sieurs A. . . et B. . . le nombre de. . . *(désigner l'objet)*, à raison de. . . sans interruption jusqu'à l'entière et parfaite livraison du nombre de. . . pour le prix de. . . à condition que les dits sieurs A. . . et B. . . lui paieront solidairement l'un pour l'autre, en deux paiements égaux, de chacun la moitié de la dite somme de. . . dont le premier aura lieu huitaine après la moitié de la livraison des dits. . . et le second, huitaine après l'entière livraison des dits. . .

Les dits sieurs A. . . et B. . . de leur côté, adhérant à la dite convention, s'obligent conjointement et solidairement l'un pour l'autre au paiement de la dite somme de. . . de la manière et aux époques ci-dessus déterminées.

Fait et signé triple, à. . . ce. . .

Reconnaissance de gage donné pour sûreté d'une somme due.

Entre nous soussignés L. . . d'une part ; et J. . . d'autre part, a été arrêté ce qui suit, savoir :

Moi, L. . . reconnais que le sieur J. . . m'a ce jourd'hui remis *(détailler les objets)* pour sûreté et nantissement jusqu'à parfait et entier paiement de la somme de. . . qu'il me doit pour *(énoncer la cause)* ; laquelle somme le dit sieur J. . . s'oblige par le présent, de me rendre le. . . du mois de. . . à défaut de quoi le dit sieur J. . . consent que, d'après une simple sommation à lui faite de payer à l'époque ci-dessus fixée, et sans qu'il soit besoin d'obtenir jugement, je fasse vendre aux enchères *(l'objet donné en gage)*, pour, sur le prix desdits objets, être payé de la dite somme de. . . que le dit sieur J. . . me doit ; et le surplus du produit de la dite vente, s'il en reste, tous frais payés, être remis au dit sieur J. . .

Fait et signé double, à. . . ce. . .

Autre.

Entre nous soussignés L. . . d'une part ; et T. . . d'autre part, a été arrêté ce qui suit, savoir :

Moi, L. . . reconnais que le sieur T. . . mon débiteur de la somme de. . . pour sûreté et garantie de la dite somme, qu'il promet et s'engage me payer dans trois mois, de ce jour, avec les intérêts de cinq pour cent par an, m'a remis ce jourd'hui, à titre de nantissement. . . *(désigner l'objet)*, pour conserver entre mes mains jusqu'au remboursement de la dite somme en entier et des intérêts ; après lequel le dit. . . *(l'objet)* lui sera remis.

Moi, T. . . consens qu'à défaut de paiement de la dite somme, au terme ci-dessus fixé, le dit sieur L. . . sans aucune formalité de justice qu'une simple sommation, fasse vendre aux enchères ledit. . . *(objet)*, pour, sur le prix qu'il sera vendu, être payé de la dite somme de. . . que je lui dois, ainsi que des intérêts et frais qui pourront être dus, et le surplus m'être remis.

Fait et signé double, à. . . ce. . .

Acte de Nantissement à titre d'Antichrèse, pour sûreté de la somme due.

Entre nous soussignés L. . . d'une part ; et R. . . d'une autre part, a été convenu de ce qui suit, savoir :

Moi, L. . . créancier en vertu d'un acte sous seing-privé, en date du. . . du sieur R. . . pour la somme de. . . laquelle somme de. . . est dès à présent exigible, consent accorder au dit sieur R. . . tel délai de paiement qu'il lui conviendra, sous la condition de me payer l'intérêt de la dite somme à raison de cinq pour cent par an jusqu'à parfait et entier remboursement, lesquels intérêts seront payables de trois mois en trois mois; et pour sûreté et garantie du paiement, tant de la dite somme de. . . que des intérêts, le dit sieur R. . . s'oblige de me remettre et abandonner, à titre d'antichrèse, la jouissance de la maison *ou* de la ferme *(désigner l'objet)* à lui appartenant, pour, par moi, en toucher les revenus, *ou* fermages et produits sur mes simples quittances, tant des fermiers ou locataires que de tous autres, à compter de ce jourd'hui; lesquels revenus *ou* fermages seront d'abord compensés avec les intérêts, et le surplus sera imputable sur le capital, jusqu'à l'entier acquittement de la dite somme de. . . à la charge, par moi, d'acquitter les contributions foncières imposées sur la dite maison *ou* la dite ferme, tant que durera l'antichrèse; de pourvoir à l'entretien et aux réparations utiles et nécessaires, sauf à prélever sur les revenus toutes les dépenses; en sorte qu'il n'y aurait lieu, aux compensations ci-dessus expliquées, qu'avec l'excédant.

Sous la condition enfin que, si le bail *ou* les baux de la dite maison *ou* de la dite ferme, venaient à expirer avant l'entier acquittement de la dite somme de. . .

je serai autorisé à les renouveler aux mêmes locataires *ou* aux mêmes fermiers, aux mêmes prix, charges et conditions ; comme aussi, dans le cas où il n'y aurait pas lieu de les renouveler aux mêmes locataires *ou* aux mêmes fermiers, je serai autorisé à en passer baux à d'autres locataires *ou* fermiers d'une solvabilité reconnue, ou avec des sûretés suffisantes, au même prix et conditions, ou plus avantageusement. Et s'il ne se trouvait pas de locataires ou de fermiers qui voulussent prendre l'immeuble au même prix, je pourrai faire adjuger les baux aux enchères par devant notaire, et sur une seule publication : le tout sans le consentement du dit sieur R. . . propriétaire ; mais seulement après l'en avoir prévenu par un avertissement notifié par un huissier un mois auparavant.

Ce que le dit sieur R. . . a agréé et consenti.

Fait et signé double, à . . ce. . .

Simple Reconnaissance de prêt d'argent.

Je soussigné L. . . reconnais, par le présent, que le sieur D. . . m'a ce jourd'hui prêté la somme de. . . laquelle somme je promets et m'engage lui remettre et rembourser le. . . *(la date)*.

Contrat de Prêt à intérêt.

Entre les soussignés A. et B.

Il a été convenu, sous mutuelle acception.

A. prête à B. la somme de mille francs, que B. reconnait avoir reçue ici même, en espèces de cours, et qu'il s'engage à rendre à A. en mêmes espèces dans le délai d'un an, à dater de ce jour, avec intérêts à cinq pour cent l'an.

B. se réserve (ou s'interdit) de rembourser la somme prêtée avec le terme convenu.

Fait double . . .

Reconnaissance de prêt de marchandises.

Je soussigné L. . . reconnais, par le présent, que le sieur E. . . m'a ce jourd'hui prêté. . . *(désigner la nature, la qualité, quantité de marchandises)*, lesquelles je promets et m'oblige lui rendre le. . . en telles *(nature, qualité et quantité)* que je les ai reçues.

Dans le cas où je serais en retard, ou dans l'impossibilité de rendre les mêmes marchandises en telles *(nature, qualité et quantité)*, je promets et m'engage à payer au dit sieur E. . . la valeur, eu égard au temps et au lieu où les choses prêtées devaient être rendues, et à payer l'intérêt du prix à compter du jour fixé pour la restitution des choses prêtées, et sans qu'il soit besoin, par le dit sieur E. . . d'en faire la demande en justice.

Acte de Délégation.

Entre les soussignés A... B... C...

Attendu que A. s'est reconnu, par acte sous seing-privé du . . . enregistré, débiteur de B. pour la somme de mille francs et que d'un autre côté C. est débiteur de A. pour une somme de cinq cents francs.

Il a été convenu ce qui suit .

A. délègue à B. la somme de cinq cents francs qui lui est due par C. à valoir sur les mille francs qu'il lui doit.

B. consent à avoir C. pour débiteur à la place de A. pour la dite somme de cinq cents francs.

C. s'engage à payer B. au lieu de A. à l'expiration du terme qui lui a été accordé.

Pour les cinq cents francs que A reste devoir à B., il les lui a comptés ici même, dont quittance.

Ou bien

Pour les cinq cents francs restant dûs à B. par A., celui-ci s'engage à les lui payer dans six mois à dater de ce jour avec intérêts à cinq pour cent, et B. consent à lui accorder ce délai.

Fait triple, à . . .

Acte de Remise d'une dette.

Entre les soussignés B. et C. Le premier restant débiteur envers le second d'uue somme de deux cents francs ;

Attendu l'état malheureux de B.

Vu les payements déjà faits, et l'impossibilité par B. d'en faire d'autres.

C. consent à faire remise pleine et entière à B. de sa dette de deux cents francs, avec capital et intérêts.

Par cette remise que B. accepte avec reconnaissance, la dette de B. envers C. se trouve éteinte.

Fait double à . . .

Acte de Subrogation par le créancier à un tiers qui le paye.

Entre les soussignés Guillaume Pernot, et Jacques Amouroux, il a été convenu ce qui suit.

Le sieur Guillaume Pernot reconnaît avoir reçu ici même du sieur Jacques Amouroux, la somme de quinze cents francs qui lui était due par le sieur Pierre Charrin, suivant son obligation à lui souscrite sous seing-privé enregistrée.

Et pour donner au sieur Jacques Amouroux le moyen d'obtenir du dit sieur Charrin le remboursement des quinze cents francs qu'il paie pour lui, le dit Pernot déclare le subroger à tous les droits, actions, priviléges et sûretés qui lui ont été concédés par le débiteur.

Fait double à. . .

Acte de Novation.

Entre les soussignés Pierre Colombe, propriétaire, et Auguste Champein, serrurier ;

Il a été observé

Que Champein a reconnu devoir à Colombe une somme de cinq cents francs qu'il lui avait prêtée en son besoin, et qu'il se trouve dans l'impossibilité de lui rendre actuellement.

Colombe, voulant se prêter aux convenances de Champein, consent à ce que ce dernier s'acquitte envers lui au moyen des fournitures et du travail qu'il se propose de lui faire faire dans sa maison en ouvrages de serrurerie, aux prix usuels, dont le montant sera d'environ six cents francs.

En conséquence, et moyennant l'exécution des dits ouvrages, la dette de cinq cents francs sera éteinte, et le surplus revenant au dit Champein, lui sera compté en argent.

Fait double à. . .

Reconnaissance de dépôt de divers objets.

Je soussigné L. . . reconnais, par le présent, que M. P. . . m'a remis en dépôt *(désigner la chose)*, pour lui être rendue à sa première réquisition.

Reconnaissance de dépôt de marchandises.

Je soussigné L. . . reconnais, par le présent, que M. G. . . m'a remis en dépôt. . . *(désigner les marchandises)*, que je promets lui remettre à sa réquisition ou à la personne fondée de pouvoirs de lui à cet effet, en tel état que je les ai reçues de lui ; sauf le cas où, par événement imprévu ou force majeure, les dites marchandises viendraient à périr.

Séquestre volontaire d'un cheval.

Entre nous, soussignés L. . . d'une part ; et B. . . d'autre part, a été convenu de ce qui suit :

Que le cheval, etc., qui est l'objet de la contestation qui existe entre nous, lequel est maintenant dans l'écurie du sieur R. . . sera mis en séquestre chez le sieur S. . . où il restera jusqu'à ce que la dite contestation qui nous divise soit terminée, soit par arbitrage, soit par jugement du tribunal de. . . sans qu'aucun de nous puisse le retirer du dit séquestre qu'après la décision des arbitres, ou du jugement qui l'y autorisera ; sous peine, de la part de celui de nous qui contreviendrait à la présente convention, de. . . *(désigner la somme)*, de dommages et intérêts envers l'autre. Les frais de séquestre et de nourriture du dit cheval seront à la charge de celui contre qui il sera prononcé.

A ce, est intervenu le sieur S. . . lequel a déclaré consentir à se charger du séquestre du dit cheval *(ou* marchandises), et se conformer à la présente convention.

Fait et signé triple, à. . . ce. . .

Quittances, Décharges, Reçus, Récépissés.

La *quittance*, la *décharge*, le *reçu*, le *récépissé*, sont des actes par lesquels on tient quitte un débiteur de ce qu'il doit ; on reconnaît qu'une personne a remis ce qu'on lui avait prêté, ou ce qu'on lui avait confié à titre de prêt, de dépôt ou autrement. La remise pure et simple que fait à son débiteur un créancier du titre en vertu duquel il s'est obligé, n'est pas suffisante, si ce titre a été enregistré, parce qu'il n'y a qu'une quittance qui puisse rendre nul et anéantir l'effet de ce titre.

Il n'est pas nécessaire, dans ces sortes d'actes,

d'exprimer la cause de l'obligation : la seule déclaration de celui qui donne cet acte, qu'il *quitte* et *décharge*, opère la libération.

On doit observer, dans la délivrance de ces actes, que si un débiteur doit autre chose que ce qu'il paye, de ne faire la quittance que sous des réserves, et de n'imputer le paiement que sur la dette la moins assurée. La quittance du capital, donnée sans réserve des intérêts, en fait présumer le paiement et opère la libération. (art. 1908 du *Code Napoléon*). Les quittances des trois dernières années d'arrérages d'une rente impliquent le paiement des précédentes, si elles ne portent expressément la clause, *sans préjudicier à ce qui est dû des précédentes*.

Quittance simple.

Je soussigné L. . . reconnais avoir reçu de T. . . la somme de. . . que le dit sieur T. . . me devait en vertu de. . . de laquelle somme je le tiens quitte et décharge.

Quittance avec réserve.

Je soussigné. . . reconnais avoir reçu de. . . la somme de. . . à compte de celle de. . . qu'il me doit pour les frais, et celle de. . . pour les intérêts ; sans préjudice du surplus, et de ce qu'il pourrait me devoir d'ailleurs.

Décharge d'un co-débiteur.

Je soussigné L. . . reconnais avoir reçu de M. B. . . la somme de. . . pour sa part et portion de la somme de. . . qui m'est due par. . . de laquelle somme je le tiens personnellement quitte et décharge pour sa dite part et portion, sans que la présente quittance puisse nuire ni préjudicier à ce qui m'est dû par les sieurs. . . sur la dite somme de. . .

Reçu d'un Dépôt en nature.

J'ai reçu de M. . . un (*désigner l'objet*), que je lui avais laissé en dépôt, et qu'il m'a fidèlement rendu, dont décharge.

Fait à. . . le. . .

Reçu d'un Dépôt en argent.

J'ai reçu de M. . . la somme de. . . que j'avais déposée entre ses mains, et qu'il m'a exactement et intégralement remise, dont décharge.

A. . . le. . .

Quittance d'un Fermage.

J'ai reçu de M. . . cultivateur, la somme de. . . montant du fermage échu le 22 juillet dernier, d'une terre labourable, sise en cette commune, au quartier de. . . que je lui ai donnée à bail, suivant acte du. . . dont quittance.

A. . . le. . .

Quittance de Loyer.

J'ai reçu de M. . . locataire d'un appartement au premier étage dans ma maison, rue. . . la somme de. . . montant d'un trimestre de loyer échu ce jour.

Fait à. . . le. . .

Quittance de Paiement pour une Caution.

J'ai reçu de M. . . la somme de. . . qu'il me paie à la place du sieur A. . . dont il s'est rendu caution, suivant acte du. . . Moyennant ce payement, je le tiens quitte et déchargé de toute obligation envers moi, et je le substitue à tous mes droits contre le dit sieur A. . . débiteur principal.

Fait à. . . le. . .

Quittance du Paiement d'un Objet dû.

J'ai reçu de M. . . la somme de. . . montant de (*désigner l'objet*), que je lui ai vendu et livré.

A. . . le. . .

De la Vente.

La vente est un contrat par lequel l'un s'oblige à livrer une chose, et l'autre à la payer. Elle peut être faite par acte authentique ou sous *seing-privé*. Le prix de la vente doit être désigné par les parties. Les frais d'actes et autres accessoires sont à la charge de l'acheteur. (Voyez les articles 1582 à 1593 du *Code Napoléon*).

Tout ce qui est dans le commerce peut être vendu, lorsque des lois particulières n'en ont pas prohibé l'aliénation. La vente de la chose d'autrui est nulle. On ne peut vendre la succession d'une personne vivante, même de son consentement (art. 1598, 1599, 1600 du *Code Napoléon*.)

Vente d'un objet quelconque.

Il est convenu entre M. L. . . d'une part ; et le nommé B. . . d'autre part. . .

Que moi, L. . . vend à B. . . telle chose. *(Il faut détailler les circonstances et les dépendances de la chose, s'il y en a qui soient douteuses, ou qui puissent faire naître quelques difficultés)* ; laquelle chose, le sieur L. . . vendeur, promet livrer, et le sieur B. . . acheteur, enlever dans tel lieu et tel temps. . . ou bien, laquelle, le dit acheteur est dès à présent libre de faire enlever de tel lieu. La dite vente étant faite au prix de. . . ou moyennant le prix de la somme totale de. . . le dit prix payable en tel temps. . . ou lors de la livraison.

Fait double, à. . .

Vente d'un Bien rural.

Entre nous soussignés, L. . . d'une part ;

Et B. . . d'autre part ;

A été convenu de ce qui suit, savoir :

Moi L. . . par le présent, vends, cède, quitte et délaisse, et promets garantir de tous troubles, dons, restitutions, hypothèques, évictions et autres empêchements généralement quelconques,

Au sieur B. . . à ce présent et acceptant, acquéreur pour lui, ses héritiers et ayant cause. . .

Une ferme située à. . . *(le lieu)*, consistant en. . . *(désigner en quoi elle consiste, et faire l'énumération des pièces de terre, bâtiments, etc.)* ou *tant de pièces de terre en labour, prés, vignes, bois)*, situés, à. . . *(le lieu)*, contenant. . . *(la mesure)*.

Ainsi que les dits biens sus-énoncés se poursuivent et comportent, sans en rien excepter, réserver ni retenir par le vendeur, qui les livre en tel état que les énoncent les titres qu'il remet entre les mains du dit sieur B. . . acquéreur ; sans que le dit sieur L. . . vendeur, soit garant envers le dit sieur B. . . acquéreur, de la mesure des dites terres, dont le plus ou le moins sera au profit ou perte du dit sieur B. . . acquéreur, qui déclare les bien connaître pour les avoir vus et visités, et s'en contente.

La propriété des dits biens appartient au sieur L. . . vendeur, comme les ayant acquis du sieur. . . par contrat passé devant Me G. . . notaire à. . . le. . . *ou*, lui provenant de succession de. . . (*désigner*), *ou* (*de legs*), *ou* (*donation de*). . .

Pour, par le dit sieur B. . . acquéreur, faire et disposer des dits biens à lui cédés, comme de chose à lui appartenant en toute propriété, et entrer en jouissance à compter du. . . et en toucher et recevoir les loyers et fermages, à partir de cette époque.

A la charge cependant par le dit sieur B. . . acquéreur, de maintenir les baux des sieurs. . . faits par moi sous seing-privé, le. . . des. . . (*désigner les baux faits, l'époque où ils doivent finir*) ; desquels baux il touchera les fermages, comme moi, dit vendeur, les recevais en ma qualité de propriétaire et bailleur de ferme.

Et en outre, moyennant la somme de. . . dont le sieur B. . . m'a ce jourd'hui payé. . . et dont je le tiens quitte et déchargé ; et dont. . . seront payés le. . . et le restant à. . . le. . . avec les intérêts, à raison de cinq pour cent, par an. (*S'il était fait des délégations ou des réserves pour douaires et préciput, ou autres payements à faire à quelqu'un sur la dite somme, il faudrait en faire mention ici.*

Les biens ci-dessus vendus demeurent, par privilége primitif, spécialement affectés, obligés et hypothéqués au paiement du prix entier de la présente vente.

Moi, dit vendeur, m'oblige aussi de passer contrat de la dite vente par devant notaire à la première réquisition du dit sieur B. . . acquéreur ; lequel sera tenu de payer les frais du dit contrat et les droits d'enregistrement.

Je m'oblige encore moi, dit vendeur, de remettre au dit sieur B. . . acquéreur, aussitôt l'entier paiement du prix de la présente vente, tous les titres et papiers concernant la propriété des biens ci-dessus vendus. Fait et signé double, à. . . ce. . .

Vente d'une Maison.

Entre les soussignés K. . . et L. . .

Il a été convenu ce qui suit, sous mutuelle acceptation.

K. . . vend à L. . . une maison à lui appartenant, comme héritage paternel, sise à. . . rue. . . laquelle maison se compose de trois étages outre le rez-de-chaussée et la cave ; chacun des étages est divisé en trois pièces principales avec leurs cabinets.

L'entrée en jouissance aura lieu le. . . jour où échoit le terme des locataires.

Cette vente est faite aux charges et conditions suivantes, que L. . . promet d'accomplir.

1° D'acquitter le prix de la vente fixé à. . . aussitôt que les formalités d'enregistrement, de transcription, de purgation d'hypothèque, etc., auront été accomplies. Faute d'avoir accompli ces formalités dans le délai de quatre mois, le prix deviendra exigible à l'expiration de ce délai.

2o D'acquitter les droits d'enregistrement et autres auxquels la présente vente donnera lieu.

3o D'acquitter les contributions de toute nature qui pèsent sur la maison à dater du jour de l'entrée en jouissance.

4o D'entretenir tous les baux verbaux ou écrits.

K. . . a remis ici même ses titres de propriété de cette maison à L. . . qui les a examinés.

Fait double à. . .

Vente d'une Terre.

Entre nous soussignés P. . . d'une part ;

Et M. . . d'autre part,

A été convenu de ce qui suit, savoir :

Que moi P. . . vend à M. . . sous promesse de garantie, une terre labourable située au tènement de. . . commune de. . . de la contenance de. . . confrontant, etc.

Et je me démets et dessaisis du fonds-vendu, circonstances et dépendances au profit du dit M. . . avec consentement qu'il en prenne, dès ce jour, la possession réelle et personnelle, et qu'il en jouisse comme de son bien propre aux charges de droit.

Cette vente est faite moyennant la somme de. . .

que le dit acquéreur M. . . s'oblige à me payer dans six mois prochains avec l'intérêt légal.

Fait et signé double, à. . . ce. . .

Vente de coupe de bois.

Entre les soussignés D. . . et E. . .

Il a été convenu ce qui suit :

D. . . vend à E. . . la coupe, pour une fois seulement, de six hectares de bois taillis, à lui appartenant, sis dans la commune de. . . quartier de. . .

Les limites de la coupe sont indiquées par des poteaux placés aux angles saillants de son périmètre.

Le bois qui en proviendra appartiendra en toute propriété à l'acheteur, qui devra se conformer aux règlements et usages relatifs aux bois et forêts.

L'acheteur s'oblige à avoir effectué cette coupe et enlevé le bois, dans le délai de . . .

Cette vente est faite moyennant le prix de . . . payable moitié comptant, et moitié à trois mois. La première moitié a été payée ici même, dont quittance. La seconde moitié a été réglée à un billet à ordre, au . . . lequel étant payé à l'échéance, servira de quittance définitive du prix de la présente vente.

Fait double . . . .

Vente à l'essai.

Entre les soussignés X. . . et Y. . .

Il a été convenu ce qui suit :

X. . . vend à Y. . . un harmonium à six jeux, pour le prix de cinq cents francs.

La dite vente est faite sauf l'essai, qui devra être fait dans l'espace de dix jours. S'il est satisfaisant, la vente sera définitive, et le prix sera payé à l'expiration des dix jours.

Dans le cas contraire, l'harmonium sera repris par le vendeur, et l'acheteur payera seulement les frais de transport d'aller et de retour.

Fait double, à . . .

Vente de récolte.

Entre les soussignés M. . . et N. . .

Il a été convenu ce qui suit :

M. . . vend à N. . . la récolte de foin prête à couper dans son pré, sis à . . . quartier de . . . à raison de F. . . . par are de superficie. Tous les frais de coupe, fanage, ratelage, chargement et transport sont à la charge de l'acheteur, qui sera tenu d'avoir effectué tous ses travaux dans le délai de . . . jours à partir d'aujourd'hui.

Fait double, à . . . .

Vente d'un fonds de Commerce.

Entre les soussignés F. . . et G. . .

Il a été convenu ce qui suit, sous mutuelle acceptation.

F. . . vend à G. . . le fonds de commerce de. . . . qu'il exerce à. . . rue. . . lequel fonds se compose des marchandises évaluées à dix mille francs, suivant l'inventaire qui en a été fait d'un commun accord, du mobilier de commerce évalué à mille francs, et de la clientèle évaluée à trois mille francs.

G. . . s'engage à payer les quatorze mille francs montant du dit fonds savoir : quatre mille francs comptant, et deux mille francs par an pendant cinq ans ; l'échéance de ces deux mille francs partira du jour où G. . . entrera en possession.

Les quatre mille francs ont été payés ici-même à F. . . dont quittance.

F. . . s'engage à ne prendre aucun établissement d'un genre semblable dans la même ville, sous peine de payer à G. . . la somme de quatre mille francs à titre de dommages intérêts.

De plus, F. . . cède à G. . . son droit au bail du magasin et partie de maison où il exerce son commerce, lequel bail a encore une durée de cinq années, à la charge par G. . . de se conformer à toutes les obligations qui lui sont imposées par cet acte, dont G. . . déclare avoir pris connaissance.

Fait double, à. . .

Vente d'une Ferme.

Entre les soussignés N. . . et O. . .

Il a été convenu ce qui suit, sous mutuelle acceptation.

N. . . vend à O. . . un corps de ferme composé du logement du fermier, écuries, étables, bâtiments d'exploitation, de la contenance de dix hectares, tant en terres labourables, qu'en prés, vignes, oseraies.

La dite vente est faite pour le prix convenu de quarante mille francs, payables un quart comptant, et le reste à raison de dix mille francs par an, avec intérêts à cinq pour cent l'an jusqu'à parfait payement.

Les parties s'engagent à passer un acte public de la présente privée, dans le délai d'un mois, et à défaut, à la première réquisition de l'une d'elles.

Fait double. . .

Vente de Meuble.

Entre les soussignés A. . . et B. . .

Il a été convenu ce qui suit :

A. . . vend à B. . . un piano, pour la somme de mille francs, laquelle A. . . reconnaît avoir reçue de B. . . ici-même dont quittance. B. . . de son côté reconnaît que le piano lui a été livré en bon état.

Fait double, à. . .

Autre.

Entre les soussignés C. . . et D. . .

Il a été convenu ce qui suit :

C. . . vend à D. . . un meuble, composé d'un canapé et de six fauteuils, dont le prix est de quatre cents francs, que D. . . s'engage à payer à C. . . dans le délai de trois mois à dater de ce jour. C. . . consent à ce délai, et D. . . reconnaît avoir reçu le meuble en bon état.

Fait double à. . .

Transport de Créance.

Les soussignés, sieur. . . d'une part ; et sieur. . . d'autre part, sont convenus de ce qui suit, savoir :

Que le sieur. . . cède et transporte au dit sieur. . . la somme de. . . à lui due par. . . suivant le billet ou suivant l'obligation, ou l'arrêté de compte du dit. . . lequel billet ou obligation, ou, etc., etc., a été présentement remis par le cédant au dit sieur. . . avec la simple garantie de droit, que la chose est bien et légitimement due au dit sieur cédant.

Ou avec telle autre clause de garantie que le cédant voudra donner. . . Remettant le dit cédant au dit sieur. . . tous ses droits, actions, hypothèques et privilèges, relativement à la dite somme. Le présent transport fait moyennant la somme de. . . qui a été présentement comptée au dit sieur cédant. . . *ou* le présent transport fait en paiement de la somme de. . . due au sieur. . . par le dit cédant, pour telle cause ;

moyennant quoi le dit sieur. . . le tient quitte de la dite somme.

Fait double à Paris, le. . .

Transport de droits litigieux.

Entre les soussignés A. . . et B. . .

Il a été convenu ce qui suit, sous mutuelle acceptation :

A. . . expose qu'il est actuellement en contestation avec le sieur C. . . au sujet de (*indiquer l'objet du litige*).

B. . . reconnaît qu'il est parfaitement au courant de cette contestation, qui a donné lieu à un commencement de procès entre A. . . et C. . .

En conséquence, B. . . consent à se charger de courir les chances favorables ou défavorables d'un procès, s'il y a lieu, ou d'un arrangement, moyennant la somme de. . . qu'il a payée ici-même à A. . . lequel renonce à tous ses droits contre C. . . en faveur de B. . . mais sans aucune garantie.

A. . . subroge B. . . à tous ses droits, actions et priviléges contre C. . . à la charge par B. . . de les faire valoir comme il le jugera convenable.

Fait double, à. . .

Échange de biens.

Entre nous, soussignés, L. . . d'une part ; et S. . . d'une autre part, a été convenu de ce qui suit :

Moi, L. . . cède, délaisse et abandonne, à titre d'échange, avec garantie de tous troubles, évictions et empêchements quelconques, au dit S. . . ce acceptant pour lui, ses héritiers et ayants-cause. . . *(désigner l'objet)*, pour en jouir et disposer, par le dit S. . . comme de chose à lui appartenant en toute propriété à compter de ce jour.

Moi, dit S. . . de mon côté, cède, abandonne et délaisse en contre-échange au dit sieur L. . . ce, acceptant pour lui, ses héritiers et ayants-cause *(désigner l'objet)*, pour en jouir et disposer, par le dit sieur L. . . co-permutant en toute propriété et jouissance, à compter de ce jour.

Le présent échange est fait de but à but, sans soulte ou retour de part ni d'autre. Déclarons tous deux nous tenir respectivement quittes relativement au dit échange, et renonçons à nous rien demander pour augmentation ou diminution de mesure des dits. . . (*objets*) échangés, dont nous avons l'un et l'autre parfaite connaissance, et que nous conserverons en tel état qu'ils se composent et se trouvent. Reconnaissons aussi que nous nous sommes fait réciproquement la remise des titres de propriété des. . . (*objets*) échangés, et dont nous nous tenons quittes l'un et l'autre.

Fait et signé double, à ce. . .

Des Baux.

Le bail est un acte par lequel une personne donne à une autre la jouissance ou l'usage d'une chose pendant un temps déterminé, moyennant un certain prix.

La durée du bail ne peut être que d'un certain temps ; car, si elle était à perpétuité, ce serait une véritable vente moyennant une rente, laquelle serait rachetable lorsque le désirerait l'acquéreur.

On peut faire des baux à vie, c'est-à-dire qui finissent avec la vie du preneur ou celle du bailleur. On appelle *bail emphythéotique*, celui qui se fait pour longues années, et qui n'excède point cependant quatre-vingt-dix-neuf ans.

On appellle *bail à loyer* celui qui concerne le louage des maisons, des appartements, des chambres, des habitations quelconques.

On appelle *bail à ferme* le louage des biens ruraux, tels que terres en labour, bois, prairies, vignes, etc. Ce contrat suppose la location d'une chose qui, par sa nature, donne des fruits.

On appelle *bail à cheptel* une espèce de société qui se fait entre un propriétaire de bestiaux et celui qui se charge de les garder et de les nourrir : les conditions en varient selon les provinces, ou au gré des contractants. On peut donner à cheptel toute espèce d'animaux susceptible de croît ou de profit pour l'agriculture ou le commerce.

On appelle *bailleur* celui qui donne à loyer ou à ferme ; *preneur* ou *locataire*, celui qui prend à loyer ou à ferme.

Le *preneur* ou locataire a le droit de sous-louer, c'est-à-dire de donner à un autre une portion des biens qu'on lui a loués, même de céder son bail à un autre ; mais il faut que cette faculté ne lui soit pas interdite par le bail, et elle peut l'être pour le tout ou partie : cette clause est toujours de rigueur (art 1717 du *Code Napoléon*). Si donc le preneur y contrevenait, le bailleur pourrait demander la résiliation du bail, avec dommages et intérêts.

Le bailleur est tenu, par la nature du contrat, et sans qu'il soit besoin d'aucune stipulation particulière : 1° de délivrer au preneur la chose louée en bon état de réparations de toute espèce ; 2° d'entretenir cette chose en état de servir à l'usage pour lequel elle a été louée ; 3° de faire jouir paisiblement le preneur pendant la durée de son bail ; 4° de conserver, pendant la durée du bail, la forme de la chose louée sans pouvoir la changer (art. 1719, 1720 et 1723 du *Code*).

Le preneur, de son côté, est tenu de deux obligations principales : 1° d'user de la chose louée en bon père de famille, et suivant la destination qui a été donnée par le bail, ou suivant celle présumée d'après les circonstances, à défaut de convention ; 2° de payer le prix du bail aux termes convenus (art. 1728 du *Code Napoléon*).

Le preneur doit rendre la chose telle qu'il l'a reçue, excepté ce qui a péri ou a été dégradé par vétusté ou force majeure (art 1730 et 1731 du *Code Napoléon*). Il répond de l'incendie, des dégradations ou des pertes qui arrivent pendant sa jouissance, à moins qu'il ne prouve qu'elles ont eu lieu sans sa faute ou celle de ses domestiques, c'est-à-dire par cas fortuit ou force majeure, ou par vice de construction (art. 1732 et 1733 du *Code Napoléon*). Enfin, il doit garnir les lieux loués de meubles suffisants, ou donner des sûretés capables de répondre du loyer (art 1752 du *Code Napoléon*).

Le bail ne finit pas avec la mort du bailleur, ni par celle du preneur, ni par la vente de la chose louée, lorsqu'il y a bail authentique ; mais à l'expiration du terme fixé. Il finit par le défaut respectif du bailleur et du preneur, de remplir leurs engagements ; il finit par la perte de la chose louée en partie ou en totalité ; il finit, lorsque les réparations à faire sont de telle nature, qu'elles rendent inhabitable ce qui est nécessaire au logement du preneur et de sa famille. Enfin, il finit par la vente de la chose louée, lorsque le bailleur a réservé, par le bail, pour celui qui acquerrait de lui, par la suite, le droit d'expulser le locataire (art. 1724, 1737, 1741, 1742 et 1743 du *Code Napoléon*).

S'il a été convenu, lors du bail, qu'en cas de vente l'acquéreur pourrait expulser le fermier ou locataire, et qu'il n'ait été fait aucune stipulation sur les dommages et intérêts, le bailleur est tenu d'indemniser le fermier ou locataire de la manière suivante; s'il s'agit d'une maison, appartement ou boutique, le bailleur paye, à titre de dommages et intérêts, au locataire évincé, une somme égale au prix du loyer, pendant le temps qui, suivant l'usage des lieux, est accordé entre le congé et la sortie. S'il s'agit des biens ruraux, l'indemnité que le bailleur doit payer au fermier est du tiers du prix du bail pour tout le temps qu'il reste à courir. L'indemnité se règlera par experts, s'il s'agit de manufactures, usines, ou autres établissements qui exigent de grandes avances (art. 1744, 1745, 1746, 1747 du *Code Napoléon*).

L'acquéreur qui veut user de la faculté réservée par le bail, d'expulser le fermier ou le locataire en cas de vente, est en outre tenu d'avertir le locataire au temps d'avance usité dans le lieu pour les congés ; il doit avertir le fermier de biens ruraux au moins un an à l'avance. Les fermiers ou locataires ne peuvent être expulsés, qu'ils ne soient payés par le bailleur, ou à son défaut, par le nouvel acquéreur, des dommages et intérêts ci-dessus expliqués Si le bail n'est pas fait par acte authentique, ou n'a point de date certaine, l'acquéreur n'est tenu d'aucuns dommages et intérêts. L'acquéreur à pacte de rachat ne peut user de la faculté d'expulser le preneur, jusqu'à ce que, par l'expiration du délai fixé pour le réméré, il devienne propriétaire incommutable (art. 1748, 1749, 1750, 1751 du *Code Napoléon*).

Si le preneur d'un héritage rural ne le garnit pas des bestiaux et des ustensiles nécessaires à son exploitation ; s'il abandonne la culture, s'il ne le cultive pas en bon père de famille, s'il emploie la chose louée à un autre usage que celui auquel elle a été destinée, ou en général, s'il n'exécute pas les clauses du bail, et qu'il en résulte un dommage pour le bailleur, celui-ci peut, suivant les circonstances, faire résilier le bail. En cas de résiliation, provenant du fait du preneur, celui-ci est tenu des dommages et intérêts (art. 1764 et 1766 du *Code Napoléon*).

Tout preneur de bien rural est tenu d'engranger dans les lieux à ce destinés d'après le bail. Il est tenu, sous peine de tous dépens, dommages et intérêts, d'avertir le propriétaire des usurpations qui peuvent être commises sur les fonds : cet avertissement doit être donné dans le même délai que celui qui est réglé en cas d'assignation, suivant la distance des lieux (art. 1767 et 1768 du *Code Napoléon*).

Si le bail est fait pour plusieurs années, et que, pendant la durée du bail, la totalité ou la moitié d'une récolte au moins soit enlevée par des cas fortuits, le fermier peut demander une remise du prix de sa location, à moins qu'il ne soit indemnisé par les récoltes précédentes. S'il n'est pas indemnisé, l'estimation de la remise ne peut avoir lieu qu'à la fin du bail, auquel temps il se fait une compensation de toutes les années de jouissance ; et cependant le juge peut provisoirement dispenser le preneur de payer une partie du prix, en raison de la perte soufferte (art. 1769 du *Code Napoléon*).

Si le bail n'est que d'une année, et que la perte soit de la totalité des fruits, ou au moins de la moitié, le preneur sera déchargé d'une partie proportionnelle du prix de la location : il ne pourra prétendre aucune remise, si la perte est moindre de moitié. Le fermier ne peut obtenir de remise, lorsque la perte des fruits arrive après qu'ils sont séparés de la terre, à moins que le bail ne donne au propriétaire une quotité de la récolte en nature ; auquel cas le propriétaire doit supporter sa part de la perte, pourvu que le preneur ne fût pas en demeure de lui délivrer sa portion de récolte. Le fermier ne peut également demander une remise, lorsque la cause du dommage était existante et connue à l'époque où le bail a été passé (art. 1770 et 1771 du *Code Napoléon*).

Le preneur peut être chargé des cas fortuits par une stipulation expresse ; cette stipulation ne s'entend que des cas fortuits ordinaires, tels que grêle, feu du ciel, gelée ou coulure. Elle ne s'entend point des cas fortuits extraordinaires, tels que les ravages de la guerre, ou une inondation, auxquels le pays n'est pas ordinairement sujet, à moins que le preneur n'ait été chargé de tous les cas fortuits, prévus ou imprévus (art 1772 et 1773 du *Code Napoléon*). Un fermier n'est pas recevable à alléguer la sécheresse ou la pluie.

Le bail sous seing-privé doit être fait et signé double des deux parties ; à défaut de cette formalité, il est nul. La raison de cette décision est que chacune des parties étant obligée, doit avoir un titre contre l'autre ; autrement la partie qui n'aurait pas un double du bail entre ses mains, ne pourrait pas contraindre l'autre à l'exécution de la convention. Chaque double du bail doit contenir la mention qu'il a été fait double.

La promesse de bail vaut bail ; mais, pour cela, il faut, comme le bail même, qu'elle contienne le consentement réciproque des parties qui se proposent de traiter, leurs conventions sur le commencement et la fin du bail, sur le prix de la location ; enfin qu'elle soit faite double. Autant, et même mieux vaut faire de suite le bail qu'une simple promesse, qui n'est, pour ainsi dire, que le bail lui-même.

Le bail, sans écrit, d'un fond rural est censé fait pour le temps qui est nécessaire, afin que le preneur recueille tous les fruits de l'héritage affermé : ainsi le bail à ferme d'un pré, d'une vigne et de tout autre fonds dont les fruits se recueillent en entier dans le cours de l'année, est censé fait pour un an. Le bail des terres labourables, lorsqu'elles se divisent par soles ou saisons, est censé fait pour autant d'années qu'il y a de soles. Le bail des héritages ruraux, quoique fait sans écrit, cesse de plein droit à l'expiration du temps pour lequel il est censé fait, selon les dispositions ci-dessus. Si, à l'expiration des baux ruraux écrits, le preneur reste et est laissé en possession, il s'opère un nouveau bail dont l'effet est réglé comme le bail sans écrit (art. 1774, 1775 et 1776 du *Code Napoléon*).

Le fermier sortant doit laisser à celui qui lui succède dans la culture, les logements convenables et autres facilités pour les travaux de l'année suivante ; et réciproquement, le fermier entrant doit procurer à celui qui sort les logements convenables et autres facilités pour la consommation des fourrages et pour les récoltes restant à faire. Dans l'un et l'autre cas, on doit se conformer à l'usage des lieux. Le fermier sortant doit aussi laisser les pailles et engrais de l'année, s'il les a reçus lors de son entrée en jouissance ; et, quand même il ne les aurait pas reçus, le propriétaire pourra les retenir suivant l'estimation (art. 1777 et 1778 du *Code Napoléon*). Pour plus d'instruction sur le louage des choses, *lisez* les articles du *Code Napoléon*, depuis 1714 jusqu'à 1779.

Bail à ferme.

Entre nous soussignés, A. . . d'une part ; et B. . . d'autre part, a été convenu ce qui suit :

Moi. . . (*le nom du bailleur*), donne par le présent à bail à ferme, pour. . . années consécutives, qui commenceront au. . . et finiront au. . .

à. . . (*le nom du preneur*), cultivateur au dit. . . (*lieu*), et J. . . son épouse, qu'il autorise à l'effet du présent ; ce acceptant preneurs pour eux, le dit temps durant, les maisons, terres, prés, vignes, etc., ci-après déclarés ; tous lesquels biens m'appartenant de mon chef ou du chef de (*nom et prénoms de la femme du bailleur*) ma femme, savoir :

1° Une maison, sise à. . . consistant en. . . (*décrire cette maison, indiquer s'il y a cour, puits, clos ou jardin*), tenant d'un bout à. . . d'autre à. . . d'un côté à. . . d'autre à. . .

2° Une pièce de terre labourable, située quartier de. . . lieu dit. . . d'environ. . . tenant d'un bout, etc.

3° Une pièce de prés, etc. (*désigner la nature, contenance et situation de chaque pièce de terre, de prairie, de vigne, de bois*).

Ainsi que tous ces biens s'étendent et se composent, sans en rien excepter ni réserver, sans aucune garantie de mesure ; en sorte que le bailleur ne sera point tenu de parfaire ce qui s'en manquerait ; et réciproquement, les preneurs jouiront, sans aucune augmentation de fermage, de ce qui se trouverait excéder les dites mesures : les preneurs déclarant connaître parfaitement le tout, pour l'avoir vu et visité, et n'en pas désirer une plus ample désignation.

De tous lesquels biens le bailleur s'oblige à faire jouir les preneurs, à titre de fermiers, pendant les dites. . . années.

Ce bail à ferme est fait aux charges, clauses et conditions suivantes, que les preneurs s'obligent solidairement entre eux, sous toute renonciation au bénéfice de droit, d'exécuter et accomplir en tout leur contenu, sans pouvoir prétendre pour ce aucune diminution de fermages ci-après fixé, savoir :

1° De garnir la dite ferme et la tenir garnie de meubles, grains, fourrages, chevaux, bestiaux et autres objets exploitables et suffisants pour répondre des fermages.

2° D'entretenir les bâtiments de toutes réparations locatives, et de les rendre, à l'expiration du bail, avec toutes ces réparations bien faites, conformément à l'état des lieux, qui sera dressé entre nous avant l'entrée en jouissance des dits preneurs.

3° De souffrir les grosses réparations qu'il conviendra de faire, et de fournir les voitures et charrois pour transporter les matériaux qui sont nécessaires pour faire ces grosses réparations.

4° De labourer, fumer et ensemencer les terres en saisons convenables. De convertir toutes les pailles et autres fourrages en fumier, pour l'engrais des dites terres, sans pouvoir en distraire ni vendre aucune partie, et de laisser, à la fin du bail, tous ceux qui s'y trouveront.

5° De tenir les prés nets et en bonne nature de fauche. D'entretenir les clôtures qui se trouvent sur la dite ferme, de replanter de nouvelles haies partout où il en pourra manquer, et de faire vider ou curer les fossés quand ils en auront besoin.

6° De bien façonner et cultiver les vignes, suivant

les usages des lieux, les provigner et en replanter d'autres à la place de celles qui périraient ou qu'il faudrait arracher, et les entretenir d'échalas.

7° D'écheniller les arbres toutes les fois qu'il en sera besoin ; de replanter d'autres arbres à la place de ceux qui mourraient.

8° D'avertir le bailleur des usurpations, empiétements et dégâts qui pourraient être faits sur les dits biens présentement loués.

9° De payer, sans aucune imputation sur les fermages, l'impôt foncier des dits biens pendant la durée de ce bail.

10° De rendre, à l'expiration du dit bail, les ustensiles de culture et de labourage qui y sont compris ; et ce en bon état, et tels qu'ils les auront reçus ; et tous les dits biens en bon état de culture et de labourage.

Ce bail est fait en outre moyennant le prix et somme de. . . francs de fermages, que les preneurs s'obligent, pour la solidarité ci-dessus exprimée, de payer, par chaque année du présent bail, à moi, dit bailleur, et en ma demeure, ou au porteur de ma quittance, ou à M. A. . . mon fondé de pouvoirs, en deux paiements égaux (*fixer l'époque des paiements*) ; le premier desquels écherra et sera fait le. . . le second, le. . . et ainsi continuer de terme en terme jusqu'à la fin du bail.

(*Si le paiement est convenu en grains ou denrées, ou moitié argent et moitié grains, il faut en faire mention*).

Faute de paiement du dit prix, trois mois après le

terme échu, le présent bail demeurera nul et résolu, si bon semble au dit bailleur ; lequel alors pourra disposer de la jouissance des dits biens ci-dessus affermés, envers telles personnes que bon lui semblera, pour le temps qui restera à expirer du dit bail, aux risques et périls des dits preneurs.

Ne pourront les dits preneurs prétendre aucune diminution de prix de leur bail, sous prétexte de stérilité, pluie, débordement d'eau, gelée, sécheresse et autres cas prévus et imprévus. Comme aussi les dits preneurs ne pourront céder ni transporter leurs droits au présent bail, sans le consentement exprès et par écrit du dit bailleur.

De son côté, le dit bailleur s'oblige de tenir les bâtiments clos et couverts suivant l'usage. Fait et signé double, à. . . ce. . .

Bail à loyer.

Entre les soussignés C. . . et D. . .

Il a été convenu ce qui suit sous mutuelle acceptation.

C. . . donne à loyer pour six années à dater du premier juillet prochain une maison sise en cette ville rue. . . n°. . . que D. . . a visitée et qu'il a trouvée à sa convenance.

Ce bail est fait pour le prix de mille francs par an, payables et portables au domicile du bailleur, par trimestre échu, *ou bien* par semestre anticipé.

Le bailleur et le preneur restent libres l'un et l'autre de résilier le présent bail au bout de trois ans, à condition de s'avertir réciproquement, au moins trois mois à l'avance.

La contribution foncière et celle des portes et fenêtres restent à la charge du propriétaire; le locataire étant tenu de payer la contribution mobilière seulement.

Le preneur se réserve le droit de sous-louer.

Ou bien. Le preneur ne pourra ni sous-louer, ni céder son bail sans le consentement du bailleur.

Les frais d'enregistrement, s'il y a lieu, seront à la charge du preneur.

Fait double. . .

Bail d'une Maison de campagne.

Entre nous soussignés, C. . . d'une part ;

Et N. . . d'autre part ;

A été convenu de ce qui suit, savoir :

Que moi C. . . donne par le présent bail à loyer et à prix d'argent à B. . . à N. . . ce acceptant, preneur pour (*trois, six,* ou *neuf*) années entières et consécutives qui commenceront à courir (*indiquer l'époque de l'entrée en jouissance*) une maison de campagne sise à: . . terroir de la commune de. . . et appelée (*désigner le nom de la maison*).

La dite maison consistant, en maison de maître, composée de (*désigner les diverses pièces*), maison de fermier ou de jardinier, composée de (*désignation)*, remises, bûcher, écurie, vacherie, poulailler, pressoir, jardins, bosquets, parcs, terres adjacentes, (*décrire séparément chacun de ces objets et leur contenance*), laquelle maison, bâtiments et dépendances, le dit *preneur* déclare bien connaître pour les avoir vus et visités.

Le présent bail fait moyennant la somme de. . . que le dit N. . . promet et s'oblige payer à moi C. . . dit bailleur en ma demeure ou au porteur de ma quittance en deux payements égaux de six en six mois aux deux termes accoutumés de l'année, dont le premier écherra le. . . (*désigner la date*) prochain, et ainsi continuer de terme en terme, jusqu'à la fin du présent bail, et en outre aux charges et conditions suivantes, savoir : par le dit preneur de garnir la dite maison de meubles suffisants pour la sûreté du dit loyer, d'entretenir la dite maison de réparations locatives nécessaires à y faire pendant tout le temps du dit bail, et à la fin d'icelui, de la rendre et délaisser en bon état d'icelle, et entièrement conforme à l'état qui en sera fait entre nous ; de souffrir faire les grosses réparations, si aucunes conviennent dans le cours du dit bail ; de payer l'impôt des portes et fenêtres et autres dûs personnellement par les locataires ; d'acquitter les charges de ville et de police dont les locataires sont tenus ; le tout sans pouvoir prétendre aucune diminution du dit loyer ; enfin, de ne céder ni transporter son droit au présent bail, en tout ou en partie, à qui que ce soit, sans le consentement exprès et par écrit de moi, dit bailleur, qui, de mon côté, promets tenir le dit preneur clos et couvert dans la dite maison et lieux en dépendant.

Aura le dit preneur la liberté de chasser et faire chasser dans toute l'étendue des terres qui dépendent de la dite maison de campagne ; pêcher, faire pêcher au filet dans les fossés, ruisseaux, rivières, qui se trouvent dans le domaine, en se conformant aux lois et règlements sur la chasse et la pêche. Le dit preneur fera entretenir, tailler les allées de charmilles, espaliers et contre-espaliers, fera tondre en saison convenable les arbres des allées, (*insérer ici les autres clauses particulières*).

Bail d'un moulin.

Entre nous soussignés A. . . propriétaire d'un moulin (*désigner à quel usage*), sis. . . (*désigner l'endroit, et si c'est à vent, à eau, sur terre ou sur bateau*), d'une part ;

Et B. . . d'autre part ;

A été convenu de ce qui suit, savoir :

Moi, A. . . reconnais par le présent avoir donné à bail à loyer au sieur B. . . ce prenant et acceptant, le dit moulin. . . pour le temps et espace de. . . ans accomplis, à commencer du. . . avec promesse de garantir le dit preneur de tous troubles et empêchements quelconques ; le dit moulin garni de ses meules, tournant, travaillant et ustensiles nécessaires, dont du tout sera, avant l'entrée en jouissance du dit preneur, fait prisée et estimation par gens experts et à ce se connaissant, dont nous conviendrons ensemble, pour, par le preneur, les rendre en pareil état où ils auront été trouvés à la fin du dit bail, parce que, dans le cas où cette prisée et estimation, qui sera renouvelée à la fin du présent bail, se trouverait plus ou moins haute, nous nous tiendrions compte réciproquement l'un à l'autre de la différence en plus ou en moins.

Le présent bail fait moyennant la somme de. . . payable en. . . payements de chacun. . . à . . (*désigner l'époque*), et ainsi continuer d'année en année, jusqu'à la fin du dit bail, à la charge en outre par le preneur (*spécifier les charges, clauses et conditions particulières*).

Fait double, entre nous, à. . . ce. . .

Bail à ferme.

Entre nous soussignés (*nom, prénoms, qualités, profession et demeure du bailleur*), d'une part ; et. . . (*nom, prénoms et demeure du preneur*), d'autre part, a été convenu de ce qui suit, savoir :

Moi. . . (*le nom du bailleur*) donne par le présent à bail à ferme, pour. . . années consécutives, qui commenceront au. . . et finiront au. . . à. . . (*le nom du preneur*), cultivateur au dit. . . (*lieu*), ce acceptant preneur pour lui, le dit temps durant, les maisons, terres, prés, vignes, etc., ci-après déclarés :

1° Une maison, sise à. . . consistant en. . . (*décrire cette maison, indiquer s'il y a cour, ou jardin*).

à. . . confrontant d'un côté à. . . d'autre à. . .

2° Une pièce de terre labourable, située canton de. . . lieu dit. . . d'environ. . . confrontant d'un bout, etc.

3° Une pièce de prés, etc. (*désigner la nature,*

contenance et situation de chaque pièce de terre, de prairie, de vigne, de bois).

Ainsi que tous ces biens s'étendent et se composent, sans en rien excepter ni réserver, sans aucune garantie de mesure ; le preneur déclarant connaître parfaitement le tout, pour l'avoir vu et visité, et n'en pas désirer une plus ample désignation.

De tous lesquels biens le bailleur s'oblige à faire jouir le preneur, à titre de fermier, pendant les dites. . . années.

Ce bail à ferme est fait aux charges, clauses et conditions suivantes, que le preneur s'oblige d'exécuter et accomplir en tout leur contenu, sans pouvoir prétendre pour ce aucune diminution de fermages ci-après fixés, savoir :

1° De garnir la dite ferme et la tenir garnie de meubles, grains, fourrages, chevaux, bestiaux et autres objets exploitables et suffisants pour répondre des fermages.

2° D'entretenir les bâtiments de toutes réparations locatives, et de les rendre à l'expiration du bail, avec toutes ces réparations bien faites, conformément à l'état des lieux, qui sera dressé entre nous.

3° De souffrir les grosses réparations qu'il conviendra de faire, et de fournir les voitures et charrois pour transporter les matériaux qui seront nécessaires pour faire ces grosses réparations.

4° De labourer, fumer et ensemencer les terres en saisons convenables. De convertir toutes les pailles et autres fourrages en fumier, pour l'engrais des dites terres, et de laisser, à la fin du bail, tous ceux qui s'y trouveront.

5° D'entretenir les clôtures qui se trouvent sur la dite ferme, de replanter de nouvelles haies partout où il en pourra manquer, et de faire vider ou curer les fossés quand ils en auront besoin.

6° De bien façonner et cultiver les vignes, suivant les usages des lieux, les provigner et en replanter d'autres à la place de celles qui périraient.

7° De replanter d'autres arbres à la place de ceux qui mourraient.

8° D'avertir le bailleur des usurpations, empiétements et dégâts qui pourraient être faits sur les dits biens présentement loués.

9° De payer, sans aucune imputation sur les fermages, l'impôt foncier des dits biens pendant la durée de ce bail.

Ce bail est fait en outre moyennant le prix et la somme de. . . que le preneur s'oblige de payer, par chaque année du présent bail, à moi, dit bailleur, et en ma demeure, (*fixer l'époque du paiement*).

Faute de paiement du dit prix, trois mois après le terme échu, le présent bail demeurera nul et résolu, si bon semble au dit bailleur.

Le dit preneur ne pourra prétendre aucune diminution de prix de son bail, sous prétexte de manque de récolte pour quelque cause que ce soit.

Fait et signé double, à. . . ce. . .

Bail à moitié fruits.

Entre nous soussignés L. . . propriétaire de. . .

Et B. . . cultivateur, habitant de. . .

A été convenu de ce qui suit, savoir :

Que moi L. . . donne à titre de bail à moitié fruits pour neuf ans consécutifs, qui commencent à fur et mesure de la levée aux récoltes de la présente année, au dit B. . . un domaine situé à. . . consistant en maison, granges, terres labourables, vignes, prés, bois et friches, de la contenance de. . . le tout appartenant à moi L. . . *bailleur*, et est parfaitement connu de B. . . *preneur*.

Les meubles, ustensiles aratoires et bestiaux qui sont dans le dit domaine et que le dit B. . . *preneur*, sera tenu de rendre au dit L. . . *bailleur*, à la fin du bail, soit en nature, consistent en, etc., etc.

Le prix annuel du dit bail est fixé à la moitié des produits généralement quelconques, que donneront les dits immeubles et bestiaux pendant les dits neuf ans. La moitié des impôts du dit domaine sera payée pendant la durée du dit bail.

Le dit prix annuel, la dite moitié d'impôts comprise est évalué à. . .

Fait et signé double, à. . . ce. . .

Bail à Cheptel.

Entre nous soussignés, L. . . d'une part ;

Et G. . . d'une autre part ;

A été convenu de ce qui suit, savoir :

Moi, L. . . donne, par le présent, à titre de bail à cheptel simple, pour trois années consécutives, à compter de ce jour, au sieur G. . . le bétail ci-après désigné, savoir :

1° . . . Brebis et. . . béliers (*désigner le nombre et la marque*) ;

2° . . . Vaches laitières et. . . taureaux (*désigner le nombre, la couleur du poil et l'âge de chacun*) ;

3° . . . Bœufs de labour (*désigner le nombre, la couleur du poil et l'âge de chacun*) ;

4° . . . Chevaux de labour (*désigner le nombre, la couleur du poil et l'âge de chacun*) ;

Tous lesquels bestiaux appartiennent à moi, dit bailleur.

Pour indemniser le *preneur* de ses peines et soins, il aura et il jouira seul des profits des laitages et fumiers, ainsi que du travail et des labours de ceux des dits bestiaux et animaux qui doivent naturellement servir aux charrois et à la culture des terres.

Le fond du cheptel est ici estimé par les parties valoir la somme de. . . sur laquelle elles entendent régler le profit ou la perte qu'il pourra y avoir à l'expiration de la jouissance du *preneur*.

Pour constater le profit ou la perte qui pourra se trouver sur le fonds du cheptel, lorsque le *preneur* cessera d'en jouir, il en sera fait, à l'expiration du présent bail, une nouvelle prisée par des experts dont les parties conviendront.

Si le cheptel se trouve valoir alors plus qu'il ne vaut actuellement, le *bailleur* ayant une fois prélevé, soit en bestiaux, soit en argent, la somme de. . .   à laquelle son cheptel vient d'être estimé, l'excédant de la valeur sera partagé également entre lui et le *preneur* ; et si, au contraire, le cheptel est alors prisé au-dessous de l'estimation ci-dessus faite, le *preneur* sera tenu de faire raison au *bailleur* de la *moitié* de ce dont le cheptel aura diminué de valeur ; la convention étant que la *perte* comme le *profit* soient également communs entre eux.

Il est au surplus convenu que le *preneur* ne pourra disposer, vendre ni échanger aucun des dits animaux, bestiaux, ni aucune bête du troupeau, sans le consentement du *bailleur*, à peine de poursuite en dommages et intérêts.

Le preneur ne pourra pareillement tirer des bêtes à laine aucune laine avant le temps de la toison, à peine de. . .   francs de dédommagement au profit du *bailleur*, par chaque bête tondue et dépouillée.

Quand au *croît* des dits bestiaux et animaux, le *bailleur* et le *preneur* auront réciproquement la faculté de faire priser le cheptel, et d'exiger le partage du dit croît, soit à la fin de chaque année, soit même en tou autre temps, lorsque bon leur semblera ; et il en sera de même à l'égard des laines.

Néanmoins, si quelques-unes des bêtes du cheptel viennent à périr, sans qu'il y ait de la faute du *preneur*, celui-ci devra d'abord les remplacer par les croîts, et il n'y aura que le surplus des dits croîts qui demeurera sujet à partage entre les parties.

Mais arrivant le cas que les dits animaux et bestiaux périssent ou se perdent par la faute et négligence du *preneur*, il sera tenu de payer sur-le-champ au *bailleur* la somme de. . .   (s'il s'agit de la totalité) tant pour lui tenir lieu de son cheptel que par forme de dommages et intérêts ; et si, dans les dits bestiaux et animaux, il n'y a que quelques-uns péris ou perdus, par la même faute ou négligence, il sera payé, par le *preneur* au *bailleur*, pour chacun des dits bestiaux et animaux, savoir : *telle somme* pour chaque brebis, *tant* pour chaque mouton, *tant* pour chaque agneau, *tant* pour chaque bélier, *tant* pour chaque cheval, *tant* pour chaque vache, *tant* pour chaque jument, *tant* pour le taureau, et *tant* pour chaque bœuf.

A l'égard des cas fortuits ou autres circonstances qui pourraient causer la mort ou la perte des dits bestiaux, sans que le *preneur* fût en faute, il n'en sera tenu que pour la *moitié* envers le *bailleur*, lequel, de son côté, supportera la moitié de la perte.

Et, attendu que le *preneur*, ayant lui-même intérêt de conserver les dits bestiaux et animaux, ne peut être présumé en faute, quoique leur nombre vienne à diminuer, il est arrêté entre les parties que ce sera le *bailleur* qui demeurera chargé de la preuve, supposé qu'il prétende ou pose en fait que c'est par la faute du *preneur* qu'il se trouve une diminution dans le nombre des dits bestiaux et animaux, etc.

Modèle de Bail à ferme.

Entre nous (*tous les noms, qualités et demeure du bailleur*), propriétaire d'une ferme ou d'une métairie, dite. . . sise à. . . et terres en dépendant, d'une part ; et (*tous les noms, profession et demeure du preneur*), d'autre part, sommes convenus de ce qui suit :

Moi, L. . . (*les noms du bailleur*), reconnais avoir fait bail à ferme et loyer de la ferme appelée. . . consistant en une maison, grange, étables, écurie, bergerie, et terres labourables, ci-après énoncées et détaillées, du jour de la Toussaint prochaine, et pour neuf ans, et neuf récoltes entières, et consécutives et accomplies, dont la première se fera en l'an. . . pour, par le dit preneur, jouir durant le dit temps du tout, et des fruits et revenus appartenant à la dite ferme, ainsi qu'en a joui ou dû jouir le précédent fermier.

Les terres dépendantes de la dite ferme sont dix hectares de terres labourables, dont l'état par mesures, tenants et aboutissants, est joint au présent bail. . . sans cependant que le dit bailleur entende s'obliger à fournir et indemniser pour ce qui manquerait aux mêmes terres et prés ; comme il renonce à rien demander au preneur, dans le cas où les pièces auraient une contenance plus forte que celle qui est énoncée. Toutes lesquelles pièces de terre le dit preneur déclare bien connaître pour les avoir vues et visitées, *ou* pour en jouir.

Ce présent bail est fait moyennant la quantité de (*énoncer cette quantité*), blé-froment rendu à. . . dans les greniers du dit bailleur ; et encore de payer au dit bailleur, par chacun an, la somme de. . .

En outre du loyer de ferme ci-dessus, le premier s'oblige aux charges qui suivent :

1° De fournir et apporter au dit bailleur, en sa demeure à. . . par chacune des dites neuf années, six chapons gras. . . poulets, œufs, etc., etc.

2° De labourer, cultiver, fumer et ensemencer les dites terres, tant proches qu'éloignées, en saison convenable ; d'engranger toutes les récoltes dans la ferme, et non ailleurs ; de convertir les pailles et autres fourrages en fumier, pour l'amendement des dites terres comme il convient, selon leur nature, espèce et qualité ; sans pouvoir enlever ni vendre aucune portion de ces pailles, fourrages ou fumiers, même à la fin du bail.

3° D'occuper et habiter en personne les bâtiments de la dite ferme, les garnir de meubles, chevaux, bestiaux et ustensiles de labourage à lui appartenant, et suffisants pour répondre de l'exécution des paiements du présent bail ; d'entretenir les dits bâtiments de toutes réparations locatives et nécessaires pendant la durée dudit bail, et souffrir les grosses, s'il convient en faire.

4° De faire la tonte des saules et élagage des peupliers, ormes, etc., de trois en trois ans ; laisser à la fin du présent bail, environ le tiers des arbres d'une feuille, le second tiers de deux feuilles, et le troisième à botter pour le bail suivant ; de ne couper la cime d'aucun arbre de tige, de telle nature qu'il soit ; de prendre pour son usage les arbres qui mourront, et de mettre des plançons de saules ou peupliers convenables, ou autres arbres en racines, que le bailleur jugerait à propos d'y faire mettre.

5° De tenir les prés nets et en bonne nature de fauche, d'en rabattre les taupinières ; d'en curer les fossés tous les ans, et en faire jeter les vidanges à terre perdue dans les prés pour les élever ; et de rendre les dits prés en fin de leur jouissance en meilleur état même qu'il ne les a reçus, ainsi que les autres terres de labour.

6° D'entretenir en bon état les haies qui entourent le verger. . ., etc. ; de nettoyer, émousser et écheniller les arbres fruitiers, de même que ceux du jardin, et d'en remettre à la place de ceux qui manqueront, au choix du bailleur, pour la qualité des fruits ; enfin de rendre en bon état, à la fin du présent bail, tous les bâtiments et héritages qui composent ladite ferme.

Il a été expressément convenu que le preneur ne pourra prétendre indemnité, ou diminution de fermage en cas de gelées, sécheresses, grêles, inondations et autres accidents fortuits.

Le preneur renonce à pouvoir céder et transporter son droit au présent bail, à qui que ce soit, sans le consentement par écrit du sieur. . . (*bailleur*). Le bailleur s'engage à tenir le preneur clos et couvert dans la maison qu'il lui loue, et remplir vis-à-vis du preneur, les obligations dont les propriétaires de fermes sont ordinairement tenus envers leurs fermiers ou locataires.

Fait double entre nous, à. . .

Désistement volontaire de bail.

Entre nous soussignés, etc. . . (*comme aux autres modèles*).

Nous nous sommes, par ces présentes, volontairement désistés et départis de l'effet et exécution du bail à loyer, *ou* à ferme, fait entre nous, le. . . par acte sous seing-privé de. . . (*désigner en quoi consiste ce bail*) ; consentant l'un et l'autre réciproquement, que le dit bail soit et demeure nul et résolu, sans aucuns dépens, dommages ni intérêts de part ni d'autre, pour le temps qui en reste à expirer, à compter du. . . (*fixer l'époque*) prochain, auquel jour, le dit sieur D. . . preneur, sera tenu et promet vider la dite maison (*ou délaisser les biens, si c'est une ferme*), la rendre libre et en bon état de réparations dont les locataires sont tenus, pour par moi, dit bailleur, en faire et disposer comme bon me semblera. Sous la condition néanmoins que le dit sieur D. . . preneur, acquittera, au dit jour ci-dessus indiqué pour la cessation du bail, tous les loyers alors dûs et échus, conformément au dit bail ; lequel, pour ce seulement, aura son entière force et vertu.

Fait et signé double, à. . . ce. . .

Transport de Bail.

Entre nous soussignés. . . (*tous les noms, profession et demeure du teneur à bail*), d'une part ;

Et. . . (*tous les noms, profession et demeure de celui à qui on cèdera le bail*), d'autre part ;

A été convenu ce qui suit :

Moi G. . . *(le nom du teneur à bail)* ayant bail d'une maison, sise à. . consistant (*décrire cette maison*), par acte sous seing-privé passé entre moi et (*le nom du propriétaire* ou *principal locataire*), propriétaire ou principal locataire de ladite maison, reconnais avoir cédé et transporté le droit dudit bail, pour tout le temps qui en reste à expirer, à (*le nom de celui auquel le bail est cédé*), à commencer du... moyennant le même prix et somme de (*énoncer la somme portée au bail*), que ledit (*le nom*) s'oblige et promet payer en mon lieu et place audit (*le nom du propriétaire*), conformément audit bail, dont ledit a pris lecture et communication entière, et dont je lui ai remis le titre, ainsi qu'il le déclare et le reconnaît ; le tout, ainsi que je m'y étais moi-même obligé.

S'il y a payement de six mois d'avance on ajoute la clause suivante :

Ledit sieur. . . m'a présentement payé la somme de... pour le remboursement de six mois d'avance de loyer payé au sieur. . . . suivant le bail susdaté qui en contient quittance. Ces six mois payés d'avance ayant été stipulés imputables sur les six derniers mois de jouissance du bail, l'ordre ci-dessus fixé pour le payement des loyers ne sera point interverti ; mais le cessionnaire jouira pendant les six derniers mois du bail sans payer le loyer, ainsi que moi.... dit cédant, en avais le droit.

Le présent transport est fait au moyen du consentement par écrit que j'ai obtenu dudit (*le nom du propriétaire* ou *principal locataire*), le... lequel écrit j'ai également remis audit... ainsi qu'il le reconnaît.

Fait double entre nous... le....

Si le propriétaire *ou* principal locataire est présent et donne son consentement, on dira :

Le présent transport a été fait en présence de (*le nom du propriétaire* ou *principal locataire*), qui l'a consenti et approuvé dans tout son contenu.

Fait triple entre nous, à.... le...

Continuation de Bail.

Entre nous soussignés, etc. . . (*comme aux autres modèles*).

Sommes convenus que le bail sous seing-privé de. . . (*désigner l'objet*), fait entre nous, le. . . (*la date*), et qui doit expirer le. . . (*la date*), continuera d'avoir un nouveau cours et effet pour le même temps et aux mêmes clauses, charges et conditions que celles qui y sont exprimées, et moyennant le même prix pour chacune des dites trois (*ou six, ou neuf*) années, que le preneur s'oblige et promet de payer à moi, bailleur, aux termes et ainsi qu'il est porté au bail ci-dessus relaté.

Fait et signé double, à. . . ce. . .

Congé volontaire.

Entre nous soussignés, etc. . . (*comme aux autres modèles*) :

Est convenu que le bail sous seing-privé, fait entre nous, le. . . (*la date*), d'une maison (*ou autres lieux*), sise. . . (*l'endroit*), au moyen du congé que me donne le dit sieur C. . . locataire, lequel j'accepte volontairement et librement ; *ou* que moi, dit L. . . bailleur, donne au dit sieur C. . . locataire, lequel il accepte volontairement et librement, est et demeure résolu pour le terme de. . . (*désigner l'époque*), auquel jour le dit sieur C. . . promet rendre les dits lieux vides et quittes de toutes réparations locatives.

Fait et signé double, à. . . ce. . .

Quittance de Loyer ou de Bai.

Je soussigné propriétaire, *ou* principal locataire d'une maison (*ou tout autre objet*), reconnais avoir reçu du sieur D. . . locataire *ou* fermier, la somme de. . . pour trois *ou* six mois de loyer échus au. . . (*la date*), de la dite maison (*ou ferme ou autre objet*) tient de moi, en vertu d'un bail sous seing-privé, en date du. . . (*la date*) ; dont quittance pour solde du dit loyer jusqu'à ce jour, et ce sans préjudice du terme courant.

A. . . ce. . .

Décharge d'une Remise de clefs.

Je soussigné, L. . . propriétaire *ou* principal locataire d'une maison, sise à. . . (*ou de tout autre local*), reconnais que le sieur B. . . locataire (*ou fermier*), m'a fait la remise des clefs de la maison et appartements en dépendant que je lui avais loués ; pour quoi, et vu les paiements de ces loyers que le dit sieur B. . . a acquittés exactement jusqu'à ce jour, et les réparations locatives qu'il a faites, je le tiens quitte et décharge de toutes choses généralement quelconques relatives à la dite location.

A. . . ce. . .

Désistement de Bail.

Entre les soussignés F. . . et G. . .

Il a été convenu ce qui suit :

Le bail sous seing privé existant entr'eux d'une maison sise en cette ville, rue. . . ayant encore deux années à courir à dater du premier juillet prochain, est résilié d'un commun accord et cessera d'avoir son effet le 31 mai prochain, sans aucune indemnité de part ni d'autre.

Ou bien, avec une indemnité en faveur du bailleur (ou du preneur) de F. . .

Le preneur laissera les lieux en bon état d'entretien.

Quittance de Loyer.

Je soussigné, propriétaire d'une maison sise à . . . . rue . . . . que j'ai donnée à bail à G. ai reçu de lui la somme de cinq cents francs montant d'un semestre anticipé de loyer, échéant ce jour, dont quittance.

A. . . le . . .

Quittance de Fermage.

Je soussigné, propriétaire de la ferme. . . . reconnais avoir reçu de L. cultivateur, la somme de trois cents francs montant du terme échu le 10 du mois passé, des fermages de la dite ferme, dont quittance.

Congé.

Entre les soussignés F. et G.

Il a été convenu ce qui suit :

F. donne congé à G. pour le. . . . prochain de l'appartement qu'il occupe dans sa maison, sise à . . . . . rue . . . .

G. déclare accepter le congé pour le dit jour . . . . prochain.

Fait double, à . . .

Des Mandats ou Procurations.

Quand on ne peut pas ou qu'on ne veut pas faire soi-même ses affaires, la loi permet de se faire représenter par une personne de confiance qu'on autorise, par un acte, à traiter et à contracter à sa place. Tous les actes de cette personne, faits dans la limite des pouvoirs qu'elle a reçus, obligent celui qui les lui a donnés aussi fortement que s'il avait lui-même contracté et signé ces actes.

L'acte qui donne à quelqu'un le pouvoir d'agir au nom et à la place d'un autre s'appelle *procuration* ou *mandat*. Celui qui donne la procuration se nomme le *mandant*, le *constituant* ; et celui qui accepte une procuration est le *mandataire*, le *procureur constitué*, le *fondé de pouvoirs*. L'acceptation du mandataire est indispensable.

On distingue deux sortes de procurations : les *procurations spéciales* et les *procurations générales*. Les procurations *spéciales* sont celles qui ne donnent le pouvoir que de faire une chose spécialement exprimée, comme un prêt, un achat, une vente, etc. Les procurations *générales* sont celles qui donnent le pouvoir de gérer toutes les affaires du constituant. Toutefois, pour prévenir tout abus, il importe que les pouvoirs donnés soient clairement indiqués et nettement limités.

En donnant un mandat, il faut bien s'assurer si le mandataire à bien la probité et les connaissances nécessaires, pour ne pas s'exposer aux conséquences de ses fautes ou de sa déloyauté, et aux procès qu'il faudrait soutenir contre lui pour en faire retomber sur lui la responsabilité.

Celui qui a accepté un mandat est tenu de le remplir tant qu'il en demeure chargé. Il répond des dommages qui résulteraient de son inexécution, et quoique la mort de son mandant mette fin à son mandat, il doit achever la chose commencée, s'il y a péril en la demeure.

Le mandataire, qui a donné à la personne avec laquelle il contracte, en cette qualité, une suffisante connaissance de ses pouvoirs, n'est tenu d'aucune garantie pour ce qui a été fait au-delà, s'il ne s'y est personnellement soumis.

Le mandant est tenu d'exécuter les engagements contractés par le mandataire, conformément au pouvoir qui lui a été donné. Il n'est tenu de ce qui a pu être fait au-delà, qu'autant qu'il a ratifié expressément ou tacitement.

Le mandant doit rembourser au mandataire les avances et frais que celui-ci a faits pour l'exécution du mandat, et lui payer ses salaires lorsqu'il en a été promis. L'intérêt des avances faites par le mandataire lui est dû par le mandant, à dater du jour des avances constatées. Lorsque le mandataire a été constitué par plusieurs personnes pour une affaire commune, chacune d'elles est tenue solidairement envers lui de tous les effets du mandat.

Le mandat finit par la révocation du mandataire ; par la renonciation de celui-ci au mandat ; par la mort naturelle ou civile, l'interdiction ou la déconfiture, soit du mandant, soit du mandataire.

Le mandant peut révoquer sa procuration quand bon lui semble, et contraindre, s'il y a lieu, le mandataire à lui remettre, soit l'écrit sous seing-privé qui la contient ; soit l'original de la procuration, si elle est délivrée en brevet ; soit l'expédition, s'il en a été gardé minute. La révocation, notifiée au seul mandataire, ne peut être opposée aux tiers qui ont traité dans l'ignorance de cette révocation, sauf au mandant son recours contre le mandataire.

Le mandataire peut renoncer au mandat, en notifiant au mandant sa renonciation. Néanmoins, si cette renonciation préjudicie au mandant, il devra en être indemnisé par le mandataire ; à moins que celui-ci ne se trouve dans l'impossibilité de continuer le mandat sans en éprouver lui-même un préjudice considérable.

Si le mandataire ignore la mort du mandant, ou l'une des causes qui font cesser le mandat, ce qu'il a fait dans cette ignorance est valide.

Dans les cas ci-dessus, les engagements des mandataires sont exécutés à l'égard des tiers qui sont de bonne foi.

En cas de mort du mandataire, ses héritiers doivent en donner avis au mandant, et pourvoir, en attendant, à ce que les circonstances exigent pour l'intérêt de celui-ci. (*Voyez* les articles 1984 à 2010 du *Code Napoléon*).

Procuration spéciale ou particulière.

Je soussigné, B. . . , donne, par le présent, pouvoir à R. . . , de. . . , pour moi et en mon nom. . . (*désigner le motif de la procuration.*) Promettant d'avoir pour agréable et de ratifier à sa volonté, *ou* à sa première réquisition, tout ce qu'il aura fait à cet égard.

Procuration pour recevoir une somme due.

Je soussigné, etc. . .

De recevoir pour moi, du sieur. . . , la somme de. . . , qu'il me doit en vertu de. . . (*désigner la cause*), d'en donner reçu, quittance et décharge ; et, à défaut de paiement, de faire contre lui toutes poursuites, diligences, oppositions, saisie-arrêt, saisie-exécution, expropriation forcée de biens, qu'il croira nécessaires ; traduire le dit sieur. . . , ou tous autres, en conciliation, devant le tribunal de paix ou de première instance, plaider, transiger, élire domicile, substituer, donner toute main-levée, et généralement faire pour le recouvrement de la dite somme tout ce qu'il croira convenable.

Promettant, etc.

Mandat pour recevoir une somme due.

Je soussigné donne pouvoir à C.

De recevoir pour moi la somme de mille francs qui m'est due par B., de lui en donner quittance et décharge, et à défaut de payement de le poursuivre par toutes les voies de droit, par devant tous tribunaux compétents, de faire contre lui toutes oppositions, saisie-arrêt, saisie-exécution, expropriation forcée, plaider, transiger, élire domicile, donner main-levée de toute opposition, consentir à toute radiation d'hypothèques, en un mot faire tout ce que j'aurais le droit de faire pour obtenir le payement de cette somme, selon qu'il le jugera convenable.

Fait à . . . .

Procuration générale.

Je soussigné, G. . . , donne, par le présent, pouvoir au sieur L. . . , que je constitue mon procureur-général à l'effet de ce qui suit : de, pour moi, et en mon nom, régir et administrer tous mes biens ; recevoir tous les revenus, loyers et fermages de ces mêmes biens ; donner congé aux locataires ou fermiers en retard de paiement ; renouveler au prix et pour le temps qu'il jugera le plus convenable à mes intérêts, les baux des locataires ou fermiers sortants ou expulsés ; veiller à l'exécution des clauses et conditions spécifiées dans les baux existants et renouvelés ; recevoir rentes, arrérages de rentes, remboursements, pensions et toutes sommes généralement quelconques à moi dues par telles personnes que ce soit ; régler, débattre, arrêter tous comptes qui me concernent ; faire remise de pièces et titres ; donner reçus, quittances et décharges ; emprunter de telle personne qu'il voudra, en mon nom, jusqu'à la concurrence de la somme de. . .   , à raison de cinq pour cent par an pour. . .   , ans, soit par billets, obligations, promesses, constitution ou autrement ; donner garantie et hypothèque sur tel de mes biens qu'il avisera ; vendre, céder, transporter, échanger la maison *ou* la ferme, *ou* la terre. . .   , (*désigner l'objet*) comme il le croira convenable ; employer les fonds provenants de recette de loyers, fermages, revenus, rentes, remboursements, emprunts, ventes, legs, donations ou autrement, à tel paiement qu'il estimera nécessaire pour mes intérêts : accepter, recevoir tous les legs ou donations qui pourraient m'être faits, en donner quittance et décharge ; recueillir toutes successions qui pourraient m'écheoir ; faire apposer les scellés, s'il y a lieu, sur les effets provenant de pareilles successions, en faire faire inventaire, ou être présent à la levée de ceux qui auront été apposés et à leur inventaire ; faire toute opposition auxdits scellés ; présenter tous soutiens et observations ; accepter purement et simplement toute succession, ou ne l'accepter que par bénéfice d'inventaire ; renoncer pareillement à toute succession ; faire lots et partages avec tous cohéritiers. Et pour tout ce que dessus, faire saisie-arrêt, oppositions, saisie exécution de meubles et effets, expropriations de biens et autres poursuites et diligences voulues par la loi ; citer en conciliation, traduire devant les juges de paix, les tribunaux de première instance et d'appel ; fonder, révoquer avoué et défenseur ; substituer une ou plusieurs personnes, les révoquer à volonté, en substituer d'autres ; élire domicile, procéder en demandant comme en défendant, soit en conciliation, soit devant les tribunaux ; obtenir tous jugements, les faire mettre à exécution ; transiger, traiter et compromettre, comme il avisera ; et pour toutes poursuites en général, faire tous paiements nécessaires.

Promettant d'avoir le tout pour agréable, et de ratifier séparément chacune des parties du présent, lorsqu'il en sera requis.

A. . . , ce. . .

Autre Procuration Générale.

Je soussigné constitue par la présente procuration M. . . . . pour mon fondé de pouvoir pour la gestion de mes affaires de toute nature ;

En conséquence je lui donne pouvoir de régir et administrer tous mes biens, recevoir les revenus de toute nature qui en proviennent, en donner décharge et quittance ; donner congé aux locataires et fermiers, renouveler les baux, en faire de nouveaux, recevoir toutes rentes et intérêts, arrérages, pensions, remboursements de capitaux, et toutes sommes à moi dues par toutes personnes ou établissements ; toucher tous dividendes et intérêts sur les actions industrielles, intérêts sur les fonds publics, donner reçus, décharges et quittances de toutes sommes touchées pour mon compte ; régler, débattre et arrêter tous comptes, faire remise de titres; employer en tels placements qu'il jugera convenable les sommes qu'il aura touchées de mes débiteurs; accepter tous legs et donations qui me seraient faits, les recevoir et en donner décharge, recueillir toute succession me revenant, faire toutes diligences et tous actes conservatoires pour que rien n'en soit détourné, faire faire les appositions et levées des scellés, inventaires, encans, faire opposition à la mise de scellés; accepter simplement, ou sous bénéfice d'inventaire, toute succession; y renoncer; en provoquer le partage, et y procéder, et faire tous autres actes destinés à m'y faire entrer en possession; soutenir toute contestation, soit amiablement, soit par voie judiciaire; citer en conciliation, donner assignation devant tous tribunaux, plaider, faire appel, se concilier, accepter des arbitres amiables, obtenir tous jugements, les faire mettre à exécution, transiger, traiter et compromettre; se substituer telle personne qu'il choisira; faire toutes poursuites et tous payements nécessaires.

Fait à . . . . le *Bon pour Pouvoir.*

Transactions.

On appelle *transaction* un contrat par lequel deux ou plusieurs personnes terminent une contestation née, ou préviennent une contestation à naître. Ce contrat doit être rédigé par écrit.

Pour transiger, il faut avoir la capacité de disposer des objets compris dans la transaction (*Code Napoléon*, articles 2044 à 2058.)

Transaction.

Les soussignés A. . . et B. . . voulant terminer le procès qui existe entr'eux au sujet de . . . . (*énoncer le motif du procès*) sont convenus de ce qui suit :

A. . . . renonce à . . . . . (*énoncer l'abandon qu'il fait.*)

En compensation de la renonciation faite par A. . , B. . . consent à lui payer la somme de . . . .

Les parties déclarent être satisfaites de la présente transaction, et s'obligent à n'élever aucune réclamation nouvelle au sujet du litige, qu'elles tiennent pour entièrement éteint.

Fait double, à . . . .

Autre.

Le sieur. . . , soussigné d'une part ; et le sieur. . . ou les sieurs. . . , soussignés d'autre part ;

Pour terminer le différend élevé entre eux au sujet de. . . (*désigner la cause*) ; *ou* bien pour prévenir la contestation qui était prête à naître entre les parties à l'égard de. . . (*telle chose*) ; *ou* encore, pour terminer ce procès commencé entre eux en conséquence de l'assignation donnée au sieur. . . , à la requête du sieur. . . , tel jour. . . , sont convenus, à titre de transaction irrévocable, de ce qui suit, savoir : 1° le sieur L. . . promet et s'oblige de. . . (*énoncer l'action*) ; 2° et le sieur B. . . , de son côté, s'engage à. . . (*énoncer l'action*) ; ce que l'un et l'autre ont promis exécuter réciproquement, ainsi qu'il a été ci-dessus expliqué, sous peine de payer, de la part du contrevenant, à l'autre, la somme de. . .

Au moyen de la présente transaction, le différend qui était prêt à s'élever entre les parties, *ou* le procès pendant au tribunal de. . . , est et demeure éteint et terminé.

Fait et signé double, à. . . , ce. . .

Renonciation à une prescription.

Le soussigné déclare renoncer en faveur de B. qu'il reconnaît comme légitime propriétaire de la terre sise à . . . . qu'il détient, à la prescription qui lui est acquise, par le fait de ses fermiers qui n'ont pas cessé de cultiver cette terre, et de lui en payer le fermage pendant plus de trente ans.

En conséquence, il consent à ce que B. soit remis en possession, et rentre en jouissance de la dite pièce de terre, mais sans indemnité, attendu la bonne foi et l'ignorance où il était de cette usurpation, qu'il aurait fait cesser si elle lui avait été signalée.

Fait à . . .

Titre nouvel d'une rente constituée.

Entre les soussignés D . . . et E . . .

Il a été convenu ce qui suit :

Attendu que par acte du . . . . D . . . doit à l'hoirie E . . . une rente perpétuelle de cinq cents francs ;

Vu l'acte de partage d'après lequel E . . . est devenu possesseur du titre de cette rente,

D . . . reconnaît les droits de E . . . comme son créancier actuel, et s'engage à lui servir la dite rente, sans novation ni dérogation au titre primitif, le présent acte n'ayant pas d'autre objet que d'interrompre la prescription.

Fait double à . . .

Compromis.

Le compromis est une convention par laquelle des parties promettent de s'en rapporter à la décision des *arbitres*, ou de *l'arbitre* qu'elles choisissent pour décider leur différend. * Toutes personnes peuvent compromettre sur les droits dont elles ont la libre disposition.

Il faut avoir soin de fixer, par le compromis, le délai pendant lequel les arbitres doivent prononcer; à défaut de fixation de ce délai, le compromis n'est pas nul ; seulement la mission des arbitres ne dure que trois mois, à dater du jour du compromis.

Dans le compromis, les parties peuvent renoncer à appeler du jugement arbitral : si elles ne renoncent pas à l'appel, le jugement arbitral y reste assujéti. Il faut enfin prévoir le cas où les

* Les personnes choisies par les parties, en conséquence d'un compromis, se nomment *arbitres*.

arbitres ne seraient pas d'accord, et leur donner le pouvoir de choisir un tiers-arbitre ; pour ne pas s'exposer à des retards, il serait bon de s'entendre d'avance sur le choix de ce tiers-arbitre, car il peut arriver que les arbitres ne se mettent pas d'accord pour le désigner. (*Code de Procédure*, art. 1003 et suivants).

Compromis.

Nous soussignés, L. . . , d'une part ; et D. . . d'autre part ;

Ayant résolu, d'un parfait accord et libre consentement, de terminer, par la voie de l'arbitrage, la contestation qui existe entre nous, relativement à. . . (*désigner le motif*), sommes convenus de ce qui suit :

Moi L. . . , nomme pour mon arbitre, le sieur D. . .

Moi, D. . . , nomme, de mon côté. pour mon arbitre, le sieur M. . .

Réciproquement nous donnons, par le présent, auxdits arbitres, le pouvoir de juger notre différend sans être assujétis à suivre les formes de la procédure ; entendant y renoncer, et désirant qu'ils procèdent comme amiables compositeurs, conformément à l'article 1019, du *Code de Procédure.*

Lesdits arbitres auront à prononcer sur la question *ou* le fait suivant, qui forme le différend qui nous divise, savoir : (*Exposer la contestation.*)

Promettant, à cet effet, de remettre auxdits sieurs

arbitres nos pièces, titres et mémoires dans quinzaine. Convenu que lesdits arbitres pourront rendre leur jugement arbitral sur ce qui se trouvera par devers eux audit temps, sans qu'il soit besoin d'aucune signification ou sommation; et qu'ils pourront, s'ils ne sont pas d'accord, choisir un tel. . . , ou qui ils jugeront à propos pour sur ou tiers-arbitre. Il a été enfin convenu que celle des parties qui ne voudrait pas acquiescer au jugement arbitral, sera tenue de payer à celle qui y acquiescera la somme de. . . ; et ce, avant de pouvoir faire aucune procédure en cause d'appel, sans répétition et en pure perte, quand même l'appelant gagnerait sa cause.

Si les parties renoncent à l'appel, elles diront :. Nous déclarons renoncer à toute ouverture de nullité, requête civile, appel et cassation.

Le présent compromis n'aura d'effet que pendant. . .. mois, à partir de ce jour.

Fait et signé double, à. . . , ce. . .

Engagements, Devis, Marchés.

Les engagements dont nous donnons ci-après les modèles sont aussi forts que la loi vis-à-vis des parties qui en sont convenues et qui les ont signés; ceux qui ne les exécutent pas s'expose à payer des dommages-intérêts à ceux envers qui ils se sont engagés.

Quatre conditions sont essentielles pour la validité d'une convention : le consentement de la partie qui s'oblige ; sa capacité de contracter ; un objet certain qui forme la matière de l'engagement ; une cause licite dans l'obligation.

La cause est illicite, quand elle est prohibée par la loi, quand elle est contraire aux bonnes mœurs ou à l'ordre public.

Engagement d'ouvrier.

Entre nous soussignés L. . . , d'une part ; et R. . . , d'autre part ; a été convenu de ce qui suit, savoir :

Moi, R. . . , m'engage à entrer chez L. . . , en qualité d'ouvrier, pour y travailler pendant. . . , mois consécutifs, à partir de ce jour, moyennant la somme de. . . par jour ; et, dans le cas où je ne resterais pas chez lui pendant le temps ci-dessus fixé, à moins que ce ne fût pour cause de maladie ou de réquisition du gouvernement, je consens qu'il retienne la paie d'un mois de mon travail, ou la somme de. . .

Moi, L. . . , de mon côté, m'oblige à occuper ledit sieur R. . . , pendant. . . mois consécutifs, au prix de. . . , par jour, et dont le paiement lui sera fait tous les mois ; et, dans le cas où je congédierais ledit sieur R. . . avant la fin du temps fixé, à moins que ce ne soit pour cause d'inconduite, je m'engage à lui payer un mois de son travail en sus de ce qui pourra lui être dû.

Fait et signé double, à. . . , ce. .

Convention d'Apprentissage.

Entre les soussignés

Jules R., imprimeur, et Jacques L., menuisier. Il a été convenu ce qui suit :

Jules R. s'engage à recevoir dans son imprimerie le jeune Charles L. fils du dit Jacques L., âgé de treize ans, pour lui enseigner la profession d'ouvrier imprimeur. Le dit Charles L. restera pendant l'espace de deux années sans rien gagner, et à partir de la troisième année, il gagnera six francs par semaine.

Le dit apprenti ne pourra aller travailler ailleurs jusqu'à l'expiration de ces trois années, et s'il quittait auparavant, le père s'engage à employer son autorité pour le faire revenir à l'atelier.

Fait double à . . .

Autre.

Entre les soussignés A . . . et B . . .

Il a été convenu ce qui suit :

A . . . voulant faire apprendre le métier de tourneur à son fils âgé de quatorze ans, qui y consent, l'a mis en apprentissage chez B . . . qui le reçoit comme apprenti, et s'engage à lui enseigner son état de tourneur, et en outre à le nourrir, loger et coucher.

De son côté A . . . s'engage à payer à B . . . la somme de trois cents francs, payables cent francs par an, et en outre de vêtir, chausser et blanchir son fils.

Le reste comme le dernier paragraphe du modèle précédent.

Devis et Marchés.

L'on nomme *devis*, *marché* ou *prix fait*, la convention par laquelle on règle avec un maître de profession le prix et la qualité des ouvrages qu'on veut lui faire faire. Si c'est l'ouvrier qui fournit la matière, l'acte doit marquer la qualité et la quantité de celle qu'il doit employer ; s'il ne fournit rien, on règle seulement le prix de son travail.

Dans le devis d'une maison à réparer, on doit détailler tous les ouvrages à faire dans chaque pièce, article par article, comme, par exemple : 1° à la cave. . . ; 2° à la cuisine. . . ; 3° à la salle. . . ; 4° à l'appartement du premier ou du second étage. . . ; etc.

A la suite du devis se met le marché suivant :

Marché.

Entre les soussignés L. . . , entrepreneur de bâtiments, demeurant à. . . , d'une part ; et P. . . , propriétaire, d'autre part ; a été convenu ce qui suit :

L. . . s'engage à faire et parfaire bien et dûment, au dire d'experts et gens à ce connaissant, toutes les réparations, reconstructions, et ouvrages de charpenterie, serrurerie, vitrerie, menuiserie, couverture, pavage et autres mentionnés au devis ci-dessus ; de fournir tous les matériaux et objets nécessaires ; de faire enlever les gravois et terres, et de rendre ladite maison en bon état de réparations sous le délai de. . . mois, à dater de ce jour, et moyennant la somme de. . . , dont un tiers payable à la moitié des travaux, un tiers à la fin, et un tiers trois mois après ; ce que consent et accepte ledit P. . .

Fait et signé double, à. . . ce. . .

L'ouvrier encourt la responsabilité de son travail, et il s'expose à des rabais ou à des refus de payement, s'il arrive des accidents par la défectuosité de son ouvrage ou par son ignorance des procédés de son état. La loi rend les architectes et entrepreneurs responsables pendant dix ans des constructions faites par eux. La même règle s'applique aux maçons, charpentiers, serruriers, etc. qui font des marchés à prix fait.

Quand les prix ont été convenus pour un travail à forfait, nul des contractants ne peut réclamer une augmentation ou une diminution, sous prétexte d'une augmentation ou d'une diminution dans les prix de la main-d'œuvre ou des matériaux, à moins que ces variations n'aient été prévues et qu'il n'ait eté fait des stipulations à cet égard.

Expertises.

L'expertise est une opération par laquelle des hommes compétents dans la matière en litige constatent la réalité des choses et expriment une opinion consciencieuse dans un procès-verbal ou dans un rapport destiné à éclairer les juges ou les arbitres. L'expertise est judiciaire ou amiable. Dans le premier cas, c'est le tribunal qui nomme un ou plusieurs experts ; dans le second, les parties s'accordent pour choisir l'expert, ou bien elles en désignent un chacune.

Nomination d'Experts pour estimation d'immeubles.

Nous soussignés M. . . (*qualité et demeure*), N. . . et O. . . tous trois, en qualité d'héritiers majeurs de feu L. . . notre père, en son vivant. . ., déclarons par les présentes, que n'ayant pu nous accorder ensemble sur la valeur des immeubles qui nous sont échus en commun par le décès de feu le dit L. . . notre père, et qui sont spécifiés dans l'inventaire de sa succession dressé par Me N. . . notaire à. . . et désirant néanmoins procéder au plus tôt au partage en nature de ces mêmes immeubles, sommes unanimement convenus de ce qui suit, savoir :

Que nous avons nommé, et par les présentes nommons

les sieurs P. . . A. . . B. . . (*qualité et domicile*) pour experts, à l'effet de procéder dans la quinzaine, à la visite, appréciation des immeubles désignés au dit inventaire, lesquels, après avoir préalablement prêté devant M. le juge de paix du canton le serment en tel cas requis, dresseront rapport de leur opération selon leur âme et conscience, et auxquels nous promettons de nous en rapporter entièrement, sous peine de la part du contrevenant, de payer à chacun des co-héritiers une somme de. . . pour dommages et intérêts à eux résultant de l'inexécution des présentes qui ont été faites en triples minutes, pour servir de titre à chacun de nous.

Fait à. . ce. . .

Rapport d'Experts pour estimation d'immeubles.

Nous soussignés M. . . N. . . O. . . (*qualités et domicile*), en qualité d'experts choisis par les sieurs G. . . F. . . P. . . tous les trois héritiers de feu le sieur M. . . leur père, suivant acte sous seing-privé fait triple entr'eux, le. . . et dont il nous a été remis copie en bonne forme, à l'effet de procéder à la visite et appréciation des immeubles dépendant de la succession du dit défunt, et désignés en l'inventaire, dressé le. . . dont l'expédition nous a été également remise, après avoir prêté, devant M. le juge de paix du canton de. . . le serment de bien et fidèlement procéder à la dite opération, nous nous sommes transportés, savoir :

1° Dans une maison (*désigner la situation, le nombre d'étages, son genre de construction, aisances et dépendances, les servitudes actives et passives, etc.*), laquelle nous avons en nos âmes et consciences, évaluée à la somme de. . .
ci. . . . . 000 fr. 00 c.

2° Sur un pré (*désigner la situation, l'étendue, les limites, etc.*), que nous avons également évalué à la somme de. . . ci. . . . . 000 fr. 00 c.

3° Sur une pièce de terre labourable (*même désignation*), dont nous avons fixé la valeur à la somme de. . .
ci. . . . . 000 fr. 00 c.

4° Sur une pièce de vigne (*même désignation*), que nous avons estimée valoir la somme de. . . ci. . . 000 fr. 00 c.

5° Continuer ainsi pour les autres immeubles.

Total ci. . . . . 0,000 fr. 00 c.

De tout quoi nous avons dressé le présent rapport que nous déclarons sincère et véritable, pour servir à telle fin qu'au cas il appartiendra.

Fait à. . . ce. . .

Procès-verbal pour l'Arpentage, l'Estimation et le partage de différentes pièces de terres entre plusieurs.

Nous déclarons qu'en vertu de la procuration qui nous a été passée en date du. . . par les sieurs. . . enregistrée le. . . laquelle nous autorise à délimiter, estimer et partager dans la proportion des droits respectifs des dits sieurs. . . tous (*exprimer le nombre*) des co-partageants, d'après le partage fait entr'eux par devant. . . enregistré le. . . nous nous sommes transportés sur les lieux, où étant accompagnés des sieurs. . . et à la vue de l'acte précité, nous avons procédé à l'estimation dont il s'agit.

Nous avons d'abord vérifié la contenance des pièces de terre énoncées dans le dit acte précité, et pris tous les renseignements nécessaires sur la nature des climats et la valeur des terres qui font l'objet de la dite opération *(les renseignements peuvent s'obtenir d'après le revenu des terres par hectares, auprès des anciens du pays, et par l'usage qui ne peut s'acquérir que par l'expérience)* ensuite nous avons formé des lots ainsi qu'il suit, savoir :

Premier Lot.

Il faudra assigner un numéro à chacun des lots ; énoncer les noms, prénoms, etc., du co-partageant auquel il est échu ; mentionner quelles sont les pièces de terre qui forment respectivement ces lots, la contenance de chacun d'eux, leur valeur, les climats et les aboutissants, etc.

Après avoir désigné et détaillé chaque lot suivant son numéro d'ordre, on terminera le procès-verbal par une des formules indiquée aux procès-verbaux.

Procès-verbal de Bornage.

Nous soussignés (*mettre sa qualité d'arpenteur*), demeurant à. . . déclarons que les sieurs C. . . et D. . . propriétaires à. . . arrondissement de. . . désirant jouir divisément de plusieurs pièces de terres formant partie des lots à eux échus dans le partage de fonds fait entr'eux le. . . enregistré à. . . le. . . suivant, nous ont appelés pour faire leur sous-partage partiel conformément à l'acte précité, nous dispensant de toute formalité de justice.

Etant autorisés par les sieurs C. . . et D. . . nous nous sommes transportés sur les lieux le. . . en présence des parties, et à la vue des titres, nous avons procédé à l'opération dont il s'agit.

Désirant nous assurer, avant de tracer les lignes de partage des contenances énoncées dans l'acte ci-dessus relaté, afin de faire une juste répartition nous avons arpenté les pièces partageables. Après avoir fait les calculs nécessaires, nous sommes retournés sur les lieux pour planter les bornes. Il faudra désigner le nombre de pièces partageables, la contenance de chacune d'elles, la situation respective des bornes qui déterminent les lignes de partage et les confins de ces propriétés. Les plans seront annexés au procès-verbal, et on énoncera sur ces plans, les contenances en chiffres, ainsi que les différentes distances qui existent entre chaque borne, et les longueurs et largeurs totales des pièces arpentées.

A la suite des plans on ajoutera :

Par le présent acte de bornage les pièces de terre y désignées demeurent limitées invariablement entre lesdits sieurs C. . . et D. . . sans que par la suite l'un ou l'autre puisse jamais élever aucune contestation et se troubler réciproquement dans la jouissance des propriétés dont il s'agit.

Nous attestons qu'il a été convenu entre les sieurs C. . . et D. . . qu'ils supporteront également les frais résultant de la dite opération ; nous déclarons en outre que les dits sieurs C. . . et D. . . nous ont constamment servi d'indicateurs, que les lignes de séparation ont été déterminées en leur présence, et qu'eux mêmes étant d'un commun accord ont posé les bornes mentionnées au présent acte.

Ce que nous affirmons sincère et véritable ; en foi de quoi nous nous sommes soussignés, avec les parties et avons clos le présent procès-verbal pour servir et valoir ce que de raison.

Fait double, une expédition a été remise à chacune des parties.

A. . . ce.

Modèles d'actes commerciaux.

Des Lettres-de-change.

La lettre-de-change est un écrit par lequel un des contractants s'oblige de faire payer une certaine somme à un autre, par une tierce personne, ou à celle qui se trouvera avoir son ordre dans un endroit différent du lieu où elle a été tirée.

Une lettre-de-change doit contenir l'endroit où on la tire ; une date, la somme à payer, le nom de celui qui doit la payer ; l'époque et le lieu où le paiement doit s'effectuer ; la valeur fournie en espèces, en marchandises, en compte, ou de toute autre manière ; l'ordre d'un tiers ou du tireur lui-même. Si elle est par 1er, 2e, 3e, 4e, etc., on l'exprime.

Lettre-de-change à jour fixe.

Paris, ce......., 1860. Bon pour 1000 francs.

M.

Au... (***la date, le mois***) prochain, il vous plaira payer par cette première lettre-de-change (***ou*** par cette seconde lettre-de-change, la première n'ayant pas été payée, ***ou*** ayant été égarée), à M. L... ***ou*** à son ordre, la somme de ***mille francs***, valeur reçue comptant, ***ou*** en marchandises, *ou* en compte, et que vous passerez en compte suivant l'avis de

à Monsieur
B. . .
à Versailles.

Votre serviteur,
(Signature).

Autre Modèle de lettre-de-change.

Paris, le 10 janvier 1866 B. P. F. 1000.

A un mois de date, il vous plaira payer par cette première de change, à mon ordre, la somme de MILLE francs, valeur en moi-même que passerez suivant avis de

Signé : Pierre B.

A Monsieur Louis R. . .
à Lyon.

Au dos on écrit : Payez à l'ordre de Monsieur B. . . valeur reçue comptant. Paris, le 20 janvier 1866.

Signé : Pierre B.

Seconde de change.

Paris, le 10 janvier 1866. B. P. F. 1000.

A deux mois de date, il vous plaira payer par cette seconde de change (la première ne l'étant) la somme de MILLE francs, valeur en moi-même que passerez suivant l'avis de

Signé : Pierre B.

A Monsieur Louis R.
à Lyon.

Autre première de Change.

Paris, le 10 janvier 1866. B. P. F. 1000.

A trois mois de date, il vous plaira payer par cette première de change à l'ordre de Monsieur B... la somme de MILLE francs, valeur reçue comptant du dit que passerez au compte de Monsieur Ackermann, suivant avis de

Pierre B...

à Monsieur Louis R...
à Lyon.

Lettre-de-change à vue.

Paris, ce... 1866. Bon pour 1200 francs.

A vue, ou à dix jours de vue, ou à ... mois de vue, il vous plaira payer, etc. (*comme à la précédente*).

Lettre-de-change à l'ordre du tireur.

Paris, ce... 1866. Bon pour 5000 francs.

Au... de ce mois, *ou*... , il vous plaira payer par cette seule lettre-de-change, à mon ordre, la somme de... , etc. (*comme à la précédente.*)

De l'Endossement.

La propriété d'une lettre-de-change ou billet à ordre se transmet par la voie d'*endossement*, c'est-à-dire qu'on écrit *au dos* de la lettre le nom de celui à qui, *ou* à l'ordre de qui on la passe. La valeur fournie doit être exprimée, avec la date de l'endossement, et la signature de celui qui transmet la lettre. L'endossement est ainsi conçu :

Payez à l'ordre de M. . . , valeur reçue comptant, *ou* en marchandises.

A. . . , ce. . .

M. . . peut passer à l'ordre d'un autre, et ainsi de suite. Il est défendu d'antidater les ordres, à peine de faux.

Lorsque la lettre-de-change n'est point payable à vue, elle doit être présentée avant l'échéance au payeur, pour être acceptée par lui ; dans ce cas, il la signe avec ces mots : *Accepté pour la somme de*. . . (écrire les sommes en toutes lettres.)

A. . . . ce. . . (*la date, le mois, l'année.*)

Celui qui accepte une lettre-de-change, contracte l'obligation d'en payer le montant : si la lettre n'est point acceptée, il faut la faire protester.

La lettre-de-change à vue ou à présentation doit être payée quand elle est présentée. Celle à plusieurs jours de vue est payable à autant de jours après celui de l'acceptation, ou après celui du protêt faute d'acceptation, si l'on a refusé de l'accepter.

Lorsque l'échéance tombe un dimanche ou un jour légalement férié, elle est exigible la veille, mais le protêt ne peut être fait que le lendemain du jour férié.

Tous autres délais de grâce, de faveur ou d'usage, pour payement des lettres-de-change, sont abrogés (Articles 130 à 135 du *code de commerce.*)

Du Billet ou Reconnaissance simple.

Le billet simple est la reconnaissance d'une dette, avec l'engagement de la payer à telle personne et à telle échéance. Le débiteur le date, le signe et indique son demicile.

Billet simple.

Bon pour trois cents francs, que je reconnais devoir, et promets payer à M. . . le premier septembre prochain, pour valeur d'une paire de bœufs qu'il m'a vendue.

A. . . , ce. . . , mars 1866.

B. . P. . fr.

Billet au porteur.

Au porteur du présent, je paierai, le onze novembre prochain, la somme de cinq cents francs, pour valeur reçue comptant.

A. . . , ce. . . mai 1866.

B. . P. . fr.

Billet à ordre.

Le billet à ordre donne à celui en faveur de qui il est souscrit la faculté de le négocier comme une lettre-de-change.

Toutes les dispositions de la loi relatives aux lettres-de-change sont applicables aux billets à ordre souscrits par des commerçants.

Bon pour mille francs, que je paierai à M. . . , marchand de bœufs, ou à son ordre, le quinze janvier prochain, pour une paire de bœufs que je lui ai achetée e vingt-cinq décembre, foire de. . .

A. . . , ce. . . novembre 1866.

B . P. . fr.

Tout billet ou reconnaissance doit donc contenir : 1° la somme qui doit être payée ; 2° l'époque du paiement, si le billet n'est point à vue ; 3° le nom du créancier, si le billet n'est point au porteur ; 4° la valeur fournie, soit en espèces, soit en marchandises, soit en compte, soit autrement ; 5° la date du billet ; 6° le domicile du souscripteur ou le lieu où le billet a été fait ; 7° la signature du débiteur.

Observation. Tout billet qui ne porte point le mot *ordre*, n'est point négociable ; et le débiteur peut en refuser le paiement, à moins qu'on lui ustifie d'un pouvoir spécial pour le recevoir.

Tous ceux qui ont signé, accepté ou endossé une lettre-de-change ou un billet à ordre, sont tenus à la garantie solidaire envers le porteur.

Du Protêt.

Le protêt est un acte par lequel on constate juridiquement qu'un effet, billet à ordre ou lettre-de-change n'a pas été accepté, ou acquitté à l'époque prescrite, afin de conserver son recours contre qui de droit.

Une lettre-de-change est protestée faute d'acceptation, dans le même temps qu'on présente la lettre; alors les endosseurs et le tireur sont respectivement tenus de donner caution pour assurer le paiement à son échéance, ou d'en effectuer le paiement avec les frais, l'escompte, le rechange, etc. (*Code de commerce*, art. 120.) Une lettre-de-change est protestée faute de paiement, lorsqu'elle n'a point été acquittée le jour de son échéance.

Le protêt doit avoir lieu le lendemain du jour de l'échéance; si ce jour est un jour de fête légale, le protêt doit être fait le jour suivant (*Code de commerce*, art. 161 et 162). Les protêts sont faits par deux notaires, ou par un notaire ou un huissier et deux témoins ; ils doivent être faits au domicile de celui sur qui la lettre-de-change est payable, ou à son dernier domicile connu.

Le porteur d'une lettre-de-change protestée faute de paiement, exerce son action en garantie, ou individuellement contre le tireur et chacun des endosseurs, ou collectivement contre l'un et les autres. Le dernier endosseur peut procéder de même envers ceux qui le précèdent et le tireur, si l'action en garantie n'a été exercée que contre lui individuellement.

La notification du protêt pour défaut de paiement doit être faite avec la citation en jugement dans la quinzaine qui suit la date du protêt, si le cédant réside dans la distance de cinq myriamètres ; ce délai est augmenté suivant les distances.

De l'Aval.

Quelquefois une lettre-de-change est acceptée par un autre que celui sur qui elle est tirée ; par exemple, par un parent, un ami qui se présente en son absence; c'est ce qu'on appelle *aval.*

L'aval est donc une obligation sous signature privée, par laquelle on s'engage à payer le montant d'un billet à ordre ou lettre-de-change dû par un tiers, dans le cas où ce débiteur ne l'acquitterait point au terme convenu. On exige cette formalité, lorsque l'on doute de la solvabilité ou de l'exactitude du tireur, ou de celui sur lequel on tire ; alors on demande une caution connue, qui met au bas de la lettre ces mots : *pour aval*, et signe. Lorsqu'une lettre-de-change est acquittée, si elle n'est point au porteur, on doit mettre au bas ou au dos : *pour acquit*, et signer.

Toute action relative aux lettres-de-change et billets à ordre, souscrits par des négociants, marchands, banquiers, ou pour faits de commerce, se prescrivent par cinq ans, à compter du jour du protêt ou de la dernière poursuite, s'il n'y a eu condamnation, ou si la date n'a pas été reconnue par acte séparé. Néanmoins les prétendus débiteurs seront tenus, s'ils en sont requis, d'affirmer sous serment qu'ils ne sont plus redevables ; et leurs veuves, héritiers, ou ayants-cause, qu'ils estiment de bonne foi qu'il n'est plus rien dû. (*Code de commerce*, art. 189.)

Pouvoir pour représenter dans une Faillite.

Nous soussignés, T. . . ., négociants, demeurant et domiciliés à . . . . ., département de . . . ., en France, donnons pouvoir à MM. . . . de nous représenter dans la faillite de MM. M. . . . et B. . . . négociants, demeurant à . . .; et en conséquence de requérir toutes appositions, reconnaissances et levées de scellés, procéder à tous inventaires et recolements, revendiquer toutes marchandises que les faillis se seraient indûment appropriées, faire pour ce toutes poursuites devant tous tribunaux quelconques; faire en procédant tous dires, réquisitions et réserves, demander la nomination de tous syndics provisoires ou définitifs; présenter à cet effet toutes requêtes, et faire tous dires et observations; faire vérifier notre créance, en affirmer la sincérité, comme nous l'affirmons par le présent pouvoir, vérifier, admettre ou rejeter tous titres produits par les autres créanciers; se faire rendre compte de l'état de la dite faillite; prendre part à toutes les délibérations; consentir toutes remises, accorder termes et délais; traiter, transiger, composer; à cet effet, signer tous actes, tous concordats ou arrangements particuliers; s'y opposer même par les voies extraordinaires; remettre ou retirer tous titres et pièces; toucher tout dividende, en donner quittance; substituer tout ou partie des présentes; et généralement faire tout ce qui sera nécessaire quoique non prévu dans le présent.

Bon pour pouvoir, à . . . . le

Acte de Société en nom Collectif.

Les soussignés A. . . B. . . et C. . .

Etant convenus d'établir entr'eux une Société pour faire le commerce des grains, en ont stipulé les conditions comme suit :

Art. 1 La raison sociale sera A. . . B. . . et compagnie.

Art. 2. L'apport de A. . . sera de F. . ., celui de B. . . de F. . . et celui de C. . . de F. . .

Art. 3. A. . . et B. . . auront seuls la signature sociale.

Art. 4. Il sera fait chaque année un inventaire, et les bénéfices ou les pertes seront portés dans un compte ouvert au grand livre.

Art. 5. La durée de la société sera de trois ans à partir du premier janvier prochain.

Art. 6. A l'expiration des trois années, il sera fait la répartition des bénéfices ou des pertes; qui seront partagés en proportion de l'apport de chacun.

Art. 7. A. . . et B. . . étant chargés de la gérance, prélèveront comme indemnité de leurs peines une somme annuelle de F. . . chacun. C. . . n'ayant fait qu'apporter ses fonds, sans s'occuper de la gestion des affaires, ne prélèvera rien.

Art. 8. La Société pourra être renouvelée pour trois

autres années, s'il y a bénéfice au bout des trois premières, et si deux des associés le demandent. Elle ne le sera pas, dans le cas où il y aurait perte, si un seul demande à se retirer.

FIN DE LA SECONDE PARTIE.

GUIDE PRATIQUE

POUR

LES AFFAIRES

TROISIÈME PARTIE

LETTRES & PÉTITIONS

Du Cérémonial des Lettres.

On appelle cérémonial la forme extérieure, les formules diverses, les arrangements d'écriture, le papier, etc. enfin tout ce qui regarde la forme matérielle d'une lettre, indépendamment de ce qui en fait le fond.

Du Papier.

On se sert en France du papier coquille, plié dans le format in-4°. Il est connu vulgairement sous le nom de papier à lettre. Il faut toujours laisser les deux feuillets, à moins qu'on écrive à quelqu'un qui nous est très familier ou inférieur ; ne prendre qu'un feuillet pour une personne à qui l'on doit des égards, serait une impolitesse.

Pour écrire une pétition on se sert du papier plus long mais de même largeur que celui pour les lettres ; il se nomme *Tellière.*

Quand on n'écrit qu'un billet, et à des personnes avec qui l'on ne se gêne pas, on peut ne prendre qu'un feuillet qu'on ploie alors en deux.

De la Date.

La date, pour être complète, doit indiquer le lieu le jour, le mois et l'année. Ainsi : *Paris.* 8 *juillet* 1866. Elle se place au haut de la lettre à droite, dans les lettres entre égaux, ou de supérieur à inférieur, et au bas à gauche dans les lettres d'inférieur à supérieur.

Dans les simples billets, on met ordinairement la date en bas ; et quand on écrit à une personne du même lieu, on peut ne mettre que le jour de la semaine et la date du mois : *Mercredi* 8 *juillet.*

De la Subscription, et de l'Inscription.

On appelle *subscription*, le nom, les titres, les qualifications que l'on donne à la personne à laquelle on écrit. Ainsi : *A Monsieur le Préfet du département de la Seine*, etc., c'est la subscription ; elle se met avant l'inscription.

L'*Inscription* est le titre par lequel on apostrophe la personne à qui la lettre est adressée ; par exemple : *Monsieur le Préfet*. Elle se met isolément avant de commencer la lettre : cela s'appelle en vedette. Entre égaux, on peut la mettre dans la première phrase, après les premiers mots.

On donne, en général, aux hommes le titre de *Monsieur*, aux femmes celui de *Madame*, et celui de *Mademoiselle* aux filles.

Entre la qualification de la personne et le commencement de la lettre, vous laisserez un intervalle plus ou moins grand, suivant le respect que vous lui devez, et c'est là ce qu'on appelle communément *donner la ligne*. Vous observerez aussi de laisser au bas de la page un espace de deux ou trois doigts, et au revers commencez à la même hauteur où vous avez placé de l'autre côté le mot de *Madame* ou de *Monsieur*.

De la Subscription et de l'Inscription dans les placets ou lettres aux personnes élevées en dignité.

Pour l'Empereur.

A L'EMPEREUR.

Et plus bas :

SIRE,

Pour l'Impératrice.

A L'IMPÉRATRICE.

Et plus bas :

MADAME,

Pour les Princes du sang.

A SON ALTESSE IMPÉRIALE LE PRINCE N***

Et plus bas :

MONSEIGNEUR,

Pour les Ministres et autres personnages,

A Son Excellence Monsieur le Ministre d'État.

Et plus bas :

Monsieur le Ministre,

A Son Eminence Monseigneur le Cardinal N***

Et plus bas :

Eminence,

A Sa Grandeur Monseigneur l'Archevêque de P***
Et plus bas :

Monseigneur,

—

A Monsieur le Comte de.... Conseiller d'Etat, Directeur général de....

Monsieur le Comte,

—

A Monsieur le Conseiller d'État, Directeur général de....

Monsieur le Directeur,

—

A Monsieur le Baron de.... Maître des Requêtes,

Monsieur le Baron,

—

A Monsieur le Comte de.... Préfet du département de....

Monsieur le Comte,

—

A Monsieur le Conseiller d'État, Préfet du Département de....

Monsieur le Préfet,

—

A Monsieur le Préfet du département de....

Monsieur le Préfet,

On agit de même pour un Sous-Préfet, un Maire, un premier Président, un Président et toutes autres personnes constituées en dignité.

Lorsque ces personnes sont décorées de quelques ordres, on l'ajoute dans la subscription. Seulement il faut observer que lorsque la personne occupe un poste élevé, et n'a qu'une décoration d'un ordre inférieur, il vaut mieux supprimer cette dernière indication. Ainsi il ne faudrait pas dire : *A Monsieur le Préfet, chevalier de la légion d'honneur*; on peut le dire à un Maire ; on peut dire *A Monsieur le Préfet, commandeur ou officier de la légion d'honneur.*

Du Corps de la lettre.

Dans le corps de la lettre, il est bon de rappeler à propos le titre de *Monseigneur, Monsieur, Madame, Monsieur le. . .*

En quelque style que l'on ait commencé une lettre, il faut le soutenir jusqu'au bout, à moins qu'on ne se sente assez de talent pour passer d'un ton à un autre, sans faire de disparate. Surtout, n'oubliez jamais à qui vous écrivez : et n'allez pas prendre un ton enjoué avec une personne qui est dans le deuil, ou vous servir d'expressions familières avec ceux qui sont au-dessus de vous, ou que vous ne connaissez pas assez pour vous les permettre. Condescendez même aux faiblesses de ceux qui ont trop bonne opinion d'eux-mêmes, pourvu cependant que cela ne vous abaisse point trop. Cette observation n'est pas à dédaigner, car est-ce la peine d'écrire à quelqu'un pour l'offenser?

La politesse ne permet pas qu'on écrive par interrogation à une personne qui nous est supérieure, cela suppose de la familiarité. On peut cependant employer cette figure en l'accompagnant d'un correctif respectueux. Par exemple, si quelque curiosité nous portait à nous informer d'une chose : nous pourrions dire : *Pardonnez, Monsieur, la liberté que je prends de vous demander quelle est cette personne dont vous m'avez dit tant de bien.*

C'est une grande impolitesse que de parler à l'impératif, comme, *Ordonnez, Monsieur, que tout soit prêt quand nous irons chez vous.* Il faut user d'un correctif qui adoucisse l'expression, et dire : *Veuillez avoir la bonté, Monsieur, d'ordonner que tout soit prêt quand nous irons chez vous.*

Il y aurait aussi de l'incivilité à envoyer une lettre pleine de ratures : d'interlignes et d'apostilles ; ce serait annoncer de la négligence et de l'inattention. Il vaut mieux en recommencer une autre.

C'est encore une impolitesse, quand on fait mention des parents de ceux à qui on écrit, de dire crûment : *Votre frère, votre tante ;* on doit dire : *monsieur votre frère, madame votre tante.*

Il est convenu qu'on ne doit pas prier une personne au-dessus de soi de faire des compliments à une autre, quand même elle la toucherait de fort près ; ou si on le fait, c'est toujours avec quelque correctif. Par exemple : *Souffrez que madame *** trouve ici les assurances de mon respect.*

Il faut surtout bien se garder que ce compliment ne s'adresse pas à une personne au-dessus de celle à qui l'on écrit. A l'égard des personnes que l'on peut prier, ces compliments ne doivent jamais être insérés dans le corps d'une lettre ; mais dans un *post-scriptum*, à moins que la personne qu'on veut complimenter, ne donne sujet à une partie de la lettre.

Quand la matière de la lettre finit trop bas, il faut la ménager en sorte que l'on en puisse garder deux lignes pour finir à la page suivante ; mais il ne faut pas en avoir moins de deux.

Du Post-Scriptum.

On appelle *post-scriptum*, ce que l'on ajoute à sa lettre quand elle est signée : on le marque assez communément par ces deux lettres P. S. Les post-scriptum annoncent l'inattention : il ne faut donc se les permettre qu'entre amis, ou pour adresser ses compliments à quelqu'un.

De la Souscription.

La *souscription* est la formule par laquelle on termine une lettre, et qui précède immédiatement la signature. Elle varie suivant les personnes à qui l'on s'adresse.

Lorsqu'on écrit une pétition, l'usage est de parler à la troisième personne. Dans les lettres ou pétitions à l'Empereur, voici la forme de la souscription.

Il est avec le plus profond respect,

Sire.

DE VOTRE MAJESTÉ,

Le très humble, très obéissant
et très fidèle sujet.

Les souscriptions varient seulement dans les expressions selon les dignités, les titres et le degré de soumission que doit manifester celui qui écrit. Ainsi les changements qu'elles peuvent exiger sont entr'autres :

Dans la première partie, au lieu de,

Il est avec le plus profond respect.

Il faut mettre :

Il a l'honneur d'être avec respect :

Dans la seconde, au lieu de SIRE,

Il faut mettre, *Monsieur,*
Madame,
Monsieur le Comte,

Dans la troisième, au lieu de

DE VOTRE MAJESTÉ

Il faut mettre :

de Votre Altesse Impériale,
de Votre Grandeur,

Et dans la quatrième, au lieu de

Très fidèle sujet :

Il faut mettre :

Le très humble
et très obéissant serviteur.

Les autres formules de souscription sont celles-ci : d'inférieur à supérieur ou d'un monsieur à une dame ; *Agréez, Monsieur ou Madame, l'assurance de ma considération très distinguée, de ma parfaite considération, de mon entier dévouement, de mon profond respect*, etc. Entre égaux : *Agréez, Monsieur, mes civilités très empressées, mes saluts affectueux, mes salutations amicales*, etc. De supérieur à inférieur; *J'ai l'honneur de vous saluer, recevez mes civilités*, etc.

De la manière de Plier les lettres.

Toute lettre adressée à une personne supérieure doit être pliée en quatre et mise dans une enveloppe. On en vend de toutes faites. On ne doit jamais rien écrire dans l'enveloppe. On ne peut mettre une autre lettre sous la même enveloppe qu'entre personnes familières.

Quand on ne se sert pas d'enveloppe, on plie ordinairement les lettres en faisant toucher le bord supérieur avec le bord inférieur, et ensuite pliant les bords latéraux l'un sur l'autre, et faisant entrer celui qui est double, dans l'autre qui reste ouvert.

Un simple billet qui ne contient rien de secret se plie en ramenant le bord supérieur sur le bord inférieur, et faisant entrer celui-ci dans l'autre.

De la manière de Cacheter les lettres.

On les cachète avec du pain à cacheter ou de la cire de couleurs diverses, mais le plus ordinairement rouge, et noire si l'on est en deuil. On se sert toujours de cire pour une personne en dignité.

De l'Adresse.

Quand on écrit à quelqu'un qui habite une grande ville, il faut indiquer la rue et le numéro de sa maison. Si la lettre doit aller dans une localité peu connue, on doit mettre non seulement le nom de ce lieu, mais encore l'indication du département, et celle du bureau de poste, s'il n'y en a pas dans ce lieu.

L'adresse doit porter les noms et qualifications de la personne, de la même manière que dans la subscription.

L'usage est maintenant d'affranchir les lettres, c'est une impolitesse que de ne pas affranchir. Si l'on demande un service, il convient de mettre un timbre-poste dans la lettre pour affranchir la réponse ; mais cela ne se fait pas entre amis, ni si la personne à laquelle on écrit est très supérieure par le rang ou la fortune.

Des Réponses.

Toute lettre mérite réponse, est un des proverbes de la civilité française. Il n'y a d'exception que pour les lettres où les égards sont oubliés et les convenances méconnues. On ne pourrait y répondre qu'en se fâchant ; les mépriser est ce qu'on peut faire de mieux. Hors de là, une réponse doit suivre de près la lettre qui l'a provoquée, ce serait une malhonnêteté que de la faire attendre trop longtemps.

En affaires, il la faut claire, précise et détaillée, s'il se peut, article par article.

La lettre est-elle badine, répondez sur le même ton ; sérieuse, que la raison tienne la plume ; obligeante, faites parler la reconnaissance.

Quand la lettre contient une demande, la réponse veut de la grâce si l'on accorde, et des ménagements si l'on refuse.

Il serait facile d'étendre ces explications à tous les genres du commerce épistolaire, mais il suffit de dire en général, qu'une réponse doit être analogue, soit par le fond, soit par la forme, à la lettre qui la détermine, puisqu'elle est la continuation de l'entretien que la lettre a commencé.

Du Style des Lettres.

Les règles du style épistolaire doivent être comptées parmi les éléments d'une éducation soignée. On appelle *style*, l'ordre dans lequel on présente ses pensées, et la manière dont on les énonce. Il ne saurait être question ici que des lettres missives dont le public n'est pas censé devoir être confident, et dont le but unique est de transmettre à celui qui les reçoit la pensée de celui qui les écrit. Elles sont, pour ceux que l'absence tient éloignés, ce que serait pour eux un entretien, si la présence leur permettait de parler.

Les règles du style épistolaire sont donc en petit nombre ; elles peuvent même se réduire à une seule, et la voici : Puisque les lettres ne sont qu'une conversation entre absents, écrivez comme vous leur parleriez s'ils étaient là, c'est-à-dire avec ce naturel, cette facilité, cet agrément, cette négligence même que demande ou permet un entretien familier. Mettez-y de la mesure avec vos supérieurs, de la franchise avec vos égaux, de la gaîté avec vos amis, de la netteté avec tous.

Clarté et simplicité, voilà les deux qualités du style épistolaire. Rien n'est plus convenable au style de la correspondance que le style coupé, c'est-à-dire ce style qui réunit la brièveté de la phrase à la propriété des expressions ; *ce style*, comme dit madame de Sévigné, *juste et court, qui chemine et qui plaît au souverain degré*. Evitez les parenthèses qui coupent le sens principal par des idées accessoires ; il vaut mieux en faire une phrase à part.

Le mérite principal du style épistolaire, c'est

la facilité, c'est-à-dire l'aisance, l'abandon, même la négligence, qui est préférable à la recherche et à la prétention.

Des Convenances Épistolaires.

Il est essentiel d'être extrêmement circonspect et délicat sur les convenances. Tel mot déplacé dans telle occasion serait pardonnable dans une autre. Une plaisanterie, un calembourg même, qui ferait rire dans une conversation gaie, ferait pitié dans un entretien sérieux. Le ton qui convient avec un égal révolte avec un supérieur. La légèreté qu'on se permettrait d'homme à homme, passerait pour impolitesse si on écrivait à une femme. Un fils n'écrira pas à son père comme un père écrirait à son fils, etc.

Les convenances épistolaires consistent donc dans l'art de respecter la distance que mettent entre les individus l'âge, le sexe, le rang, le pouvoir ; de n'oublier jamais ce qu'ils sont et ce que l'on est ; de bien calculer ce qu'on peut leur dire, et ce qu'on doit leur taire ; de leur écrire, en un mot, avec cette mesure qui est la règle des conversations.

On ne doit jamais rendre publique une lettre sans l'aveu de la personne à qui on l'a écrite, ou de qui on l'a reçue. Cette règle ne souffre d'être violée que dans des circonstances graves, quand le soin de son honneur, de ses intérêts, exige cette publicité.

Les nécessités sociales demandent une grande attention pour la considération des personnes. Celles qui ont du crédit, de la fortune, du mérite, ont une haute opinion d'elles-mêmes, et il faut éviter de la froisser, soit par la familiarité, soit par un manque de respect pour leur supériorité réelle ou prétendue. Si l'on connaît le caractère des gens à qui l'on écrit, on doit éviter de les choquer par des paroles en contradiction avec leurs idées habituelles.

Si l'on écrit à une personne supérieure, de qui l'on n'est point connu, il faut se hâter d'exposer l'objet de sa lettre, de manière à attirer son attention, et à se concilier sa bienveillance. Il faut en cela beaucoup de tact. Si on est connu de quelqu'un de ses amis, il faut le dire.

Si l'on écrit à quelqu'un que l'on a offensé, même involontairement, la première chose à faire est de reconnaître sa faute, et de s'en excuser.

Quand on parle de soi, il faut toujours le faire avec modestie et simplicité, sans relever le mérite de ses actions à moins qu'on n'y soit contraint. Il faut au contraire faire valoir le mérite de la personne à qui l'on s'adresse, avec mesure toutefois, sans exagération et sans flatterie outrées.

Quand on demande une grâce, une faveur, un service, il n'y a pas d'inconvénient à en exagérer la valeur, pour donner plus de prix à sa reconnaissance. Il est utile de rappeler les services déjà reçus ; c'est une preuve qu'on n'en a pas perdu le souvenir, et qu'on a quelques droits à en obtenir de nouveaux. La modestie n'est jamais déplacée, mais c'est surtout quand on sollicite. Demander avec hauteur, c'est vouloir s'attirer un refus.

Le respect des convenances est une des conditions les plus essentielles des lettres, et quiconque a du tact, du savoir-vivre, de l'intelligence, de la connaissance des hommes, ne l'oublie jamais. *Verba volant, scripta manent*, voilà une maxime qu'on doit avoir toujours présente à l'esprit : Les paroles s'envolent, mais ce qui est écrit reste. Si l'on a blessé quelqu'un en écrivant, l'offense se renouvelle chaque fois qu'on relit votre écrit ; tandis que les bons sentiments qu'on lui a exprimés lui font chaque fois un nouveau plaisir, en le disposant bien en votre faveur.

Lettres de Bonne Année et de Fêtes.

Rien de plus difficile que d'écrire une lettre de ce genre, car c'est le sujet le plus usé. La seule ressource qu'on a est de s'énoncer avec cette simplicité qui est, ou qui paraît être le langage du cœur, et surtout avec cette briéveté qui prévient l'ennui. L'enfant y exprime aux auteurs de ses jours son tendre attachement pour eux, et ses vœux ardents pour leur conservation. Le protégé fait parler sa reconnaissance et ses souhaits pour la prolongation des années d'un homme à la vie duquel est attachée sa propre existence. Si l'on parle à des personnes sérieuses, on porte sa pensée sur la rapidité du torrent qui nous entraîne vers cet océan des âges où tout s'abîme sans retour ; on emprunte à la philosophie, à la religion surtout, ces idées, soit fortes, soit consolantes qui raidissent notre âme contre cette nécessité fatale, ou qui nous disposent à la souffrir sans murmure en vue d'une vie meilleure.

Enfin dans une lettre de pure étiquette, on se contente de souhaiter à la personne qui en est l'objet des jours aussi nombreux que ses bonnes qualités, ou ses bienfaits. Mais quelque style que l'on emploie, à quelques lieux communs qu'on ait recours, il ne faut jamais oublier que les fadeurs du jour de l'an sont ce qu'il y a de plus fastidieux au monde, et que là où une phrase suffit, c'est sottise d'en mettre deux.

Modèles de Lettres de Bonne Année et de Fêtes.

Lettre de bonne année d'un ami à son ami.

Que te souhaiterai-je à ce nouvel an, mon cher ami ? Depuis que nous nous sommes séparés pour suivre chacun une carrière diverse, je commence à ne plus connaître où tes désirs se portent avec le plus d'ardeur. Quels qu'ils soient, je t'en souhaite l'accomplissement, car je ne doute pas qu'ils ne prennent leur source dans les sentiments d'honneur et de probité que j'ai toujours vus en toi, et qui ont resserré, dès notre âge le plus tendre, les liens de notre amitié.

Je ne doute pas que tu ne fasses pour moi les mêmes vœux que je fais pour toi, et je t'en remercie d'avance. Mais, mon cher ami, crois bien, par l'expérience que me donne ma vie plus active que la tienne, que pour obtenir l'accomplissement de ses vœux, le plus sûr est de ne se proposer qu'un but que l'on puisse raisonnablement espérer d'atteindre, y marcher avec prudence et persévérance, ne donner au plaisir que le temps qu'il faut pour se délasser du travail, et repousser avec mépris les moyens deshonnêtes qui paraîtraient devoir nous faire arriver plus promptement. Nous sommes jeunes, nous avons du temps devant nous, ne le gaspillons pas, et, avec l'aide de la Providence qui n'abandonne que ceux qui s'abandonnent eux-mêmes, nous arriverons à la position qui nous fait envie, en gagnant en même temps la considération que l'on perd souvent en acquérant la fortune. Tu me diras que je suis bien jeune pour moraliser ; c'est vrai, mais la vérité de ce que je te dis frappe tellement les yeux, qu'il faudrait être un franc étourdi pour ne pas la voir.

Lettre de bonne année à un protecteur.

Permettez, monsieur, que je vienne, à ce renouvellement d'année, vous offrir les hommages aussi respectueux que sincères d'un cœur qui conservera toujours le souvenir des bienfaits dont vous m'avez comblés. Quoique je comprenne parfaitement que vos nombreuses occupations me fassent un devoir de ne pas vous faire perdre un temps précieux, je ne puis laisser passer cette occasion de vous exprimer les vœux que je forme pour que le ciel vous accorde santé, prospérité, et accomplissement de tous vos désirs.

Je vous prie de vouloir bien les agréer, avec l'assurance de ma considération la plus distinguée.

Lettre de bonne année d'un petit fils à son grand-père.

Cher bon papa, je viens te souhaiter la bonne année ; mais ne va pas croire que ce sont les étrennes qui m'aient fait souvenir du jour de l'an. Je ne dirai pas que je n'y pense pas ; ce serait un mensonge, et tu sais que je ne veux pas mentir, car cela te ferait trop de peine. Bien vrai, je te souhaite la bonne année, parce que c'est un jour où tout le monde se la souhaite ; mais on se la souhaite de tout son cœur, lorsque l'on s'aime bien. Et moi qui t'aime tant, je te la souhaite de meilleur cœur que tout le monde, parce que personne ne t'aime plus que moi.

Lettre de bonne année d'un fils à sa mère veuve.

Je regrette d'être si loin de vous, chère mère, et de ne pouvoir vous exprimer mes vœux à une époque où vous les receviez autrefois de celui que vous pleurez et que je pleure avec vous. Que puis-je faire pour adoucir votre douleur ? Je sens bien, malgré toute l'affection que je vous porte, que je ne remplacerai jamais entièrement mon père auprès de vous ; mais tout ce dont je suis capable vous est dévoué, et, sans oublier ce que vous aviez de plus cher au monde, il vous reste encore à aimer vos enfants qui sont si chers au cœur d'une mère. Vous aurez de nous, et de moi en particulier, toute l'affection que vous avez le droit d'attendre. Ce sera votre consolation, et je ne cesserai jamais de faire tous mes efforts pour accomplir les souhaits que vous pouvez former à cet égard.

Lettre de bonne année d'un élève à son maître.

Recevez aujourd'hui, mon cher professeur, les souhaits que les Anglais appellent les *Compliments de la saison.* Ce n'est point seulement pour me conformer à l'usage que je viens vous les exprimer ; au contraire, je suis heureux d'avoir cette occasion de vous montrer les sentiments que j'ai pour vous. Je sais que je ne suis pas sans reproche, que par l'effet de l'étourderie et de la paresse de mon âge, il m'est arrivé bien souvent de ne pas répondre aux soins que vous me prodiguez ; mais ne croyez pas que j'y sois insensible, et qu'au fond du cœur, je ne sois pas reconnaissant de toutes les peines que mon éducation vous donne. Je m'efforcerai, cette année, d'être plus docile et plus attentif, et de répondre, par mon zèle à étudier, aux vœux que vous faites, et que je fais avec vous, de me voir devenir un excellent élève.

Lettre d'un fils à son père pour sa fête.

Vous recevrez ma lettre, mon cher père, le jour de la Saint-N...., c'est vous dire qu'elle a pour objet de vous souhaiter une bonne fête. Il me serait doux d'être auprès de vous, pour vous exprimer de vive voix tous mes sentiments, et pour recevoir en retour vos embrassements. Mais la nécessité de ma position me retient loin de vous et pendant quelque temps encore je serai privé du bonheur de vous voir et de jouir de vos entretiens. Je ne puis offrir de cadeaux plus précieux à un père que l'assurance d'avoir un fils qui ne le fera jamais rougir, et qui s'efforcera de se rendre de plus en plus digne de l'affection de son père par son amour du travail, par la régularité de sa conduite, et par l'accomplissement de tous ses devoirs.

Lettre d'un neveu à sa tante pour sa fête.

Quand j'étais près de vous, ma chère tante, c'était un

bonheur pour moi que de vous apporter un bouquet et de vous serrer entre mes bras, à pareil jour que celui auquel vous recevrez ma lettre. Je ne puis aujourd'hui vous exprimer autrement que par écrit l'affection que j'ai pour vous, et qui semble s'être augmentée par l'éloignement. Quand on n'est plus auprès des personnes qui vous sont chères, on se prend d'un plus grand désir de les voir, précisément parce que ce désir ne peut pas être satisfait : et c'est vraiment une des peines de l'absence que de pouvoir de temps en temps, ne fût-ce qu'en passant, dire un mot d'amitié à ses chers parents. Cette peine, je l'éprouve très vivement, je vous assure, et ce sera une des plus grandes joies de mon retour que de pouvoir, comme autrefois, aller passer quelques instants auprès de vous, pour jouir de vos entretiens toujours si agréables pour votre tout dévoué neveu.

Lettres de Félicitation.

Dans une lettre de félicitation, on doit être court, on appuie sur la nature des grâces accordées, sur le mérite de celui qui les obtient, sur le discernement de celui qui les dispense. La satisfaction et la joie doivent se montrer dans ces sortes de lettres; il faut les exprimer avec sentiment ; la moindre teinte de jalousie ou de froideur serait, dans ces occasions, une inconvenance impardonnable. Il faut s'oublier entièrement.

Modèles de lettres de Félicitation.

Lettre de Compliments à un protecteur.

Permettez, Monsieur, qu'un de vos humbles obligés vienne mêler ses félicitations à celles de tous vos amis, plus distingués que lui, à l'occasion de la récompense si justement méritée que vous venez d'obtenir. J'en ai ressenti une vive satisfaction, d'abord comme tout citoyen qui voit les services rendus au pays équitablement appréciés et légitimement rémunérés, mais surtout comme un de ceux qui ont pu vous connaître de plus près, et comprendre tout ce qu'il y a en vous de vertus et de qualités de toute nature. J'ai donc éprouvé une joie personnelle en apprenant votre promotion ; et j'ai pris la liberté, que vous excuserez sans doute, de vous la témoigner ingénuement.

Compliments à un ami.

Le succès que tu viens d'obtenir m'est à peine connu, que j'ai hâte de t'en féliciter. J'en suis aussi joyeux que si je l'avais obtenu moi-même, sachant de quelle importance il était pour toi de réussir. Tes craintes m'avaient causé de la peine ; j'avais peur que tu ne te laissasses aller au découragement. Mais je vois que tu as su t'armer de courage, et quoique la difficulté à vaincre fût grande, tu en as triomphé par ta persévérance. J'espère que maintenant tu vas venir te reposer quelque temps au milieu de nous. Je serai heureux de t'embrasser et de te réitérer mes félicitations dont tu connais toute la sincérité.

Lettres de Condoléance.

La meilleure manière d'adoucir la douleur, c'est de la partager, c'est de pleurer avec celui qui pleure ; mêlez vos larmes avec les siennes, et vous lui prouverez plus d'intérêt, que d'ingénieux discours ne lui apporteraient de consolation. Faites l'éloge de l'épouse, du fils, du père qu'il a perdu ; joignez vos regrets aux siens, et vous le disposerez plus facilement à recevoir les adoucissements que la religion seule peut fournir à des maux qui sont sans remèdes. Si ce sont des chagrins d'une autre nature que ceux que cause la mort, comme ils ne pas irréparables, après s'être affligé avec la personne affligée de la perte d'un procès, de la perte d'un emploi, d'une injure reçue, etc, il faut chercher les moyens de réparer le mal, faire briller dans le lointain l'espérance, qui est pour l'âme abattue et déchirée ce qu'est au laboureur désolé par l'orage l'arc céleste qui lui en annonce la fin et le retour de la sérénité.

Modèles de lettres de Condoléance.

Lettre de condoléance à un fils sur la mort de son père.

J'ai pris la plus vive part à la perte cruelle que vous venez de faire. Plus qu'un autre, j'ai été affligé de la mort de votre père, car nous étions des amis d'enfance, et dans le cours de notre vie entière, aucun nuage ne s'est jamais élevé entre nous. Je pleure donc sa perte comme celle d'un frère, et je regrette de n'avoir pu lui donner mes soins dans sa dernière maladie. Vous comprendrez de plus en plus combien vous avez perdu en le perdant. Je voudrais qu'il fût en moi de le remplacer en quelque chose auprès de vous. Si cela est possible, vous n'avez qu'à parler ; je suis prêt à faire pour vous ce que je ferais pour mon propre fils. Je serai heureux que vous m'en fournissiez l'occasion, ce serait pour moi la meilleure manière de vous prouver combien j'étais attaché à votre père.

Lettre de condoléance à un mari sur la mort de sa femme.

Votre perte est cruelle, mon cher ami, et aucune douleur sur la terre ne peut se comparer à celle d'un époux qui survit à l'autre époux, quand ils s'aimaient bien, comme c'était le cas pour vous. Je vous plains donc de tout mon cœur, et je voudrais pouvoir vons donner quelque consolation. Hélas ! il n'en est point sur cette terre. Il n'en est pas d'autre que l'espoir d'être un jour réuni dans le ciel avec votre compagne chérie. Cet espoir est certain, mais d'ici là, que de peines dans l'isolement où vous allez vous trouver ! que d'ennuis, que de troubles, que d'agitations qui ne se montrent pas encore, mais qui se manifesteront plus tard ! Dieu seul pourra vous donner la force de supporter ce que vous aurez à souffrir. Il est assez puissant pour cela, et il ne vous laissera pas, si vous ne le laissez pas vous-même, et un jour il vous accordera l'immense bonheur de retrouver votre femme : voilà la vraie consolation.

Lettres de Demande.

Une demande par écrit ne se fait que de deux manières, par un placet ou par une lettre. Dans un placet, qui ne s'adresse qu'à des gens en place, on expose l'affaire avec des formes qui n'ont rien de commun avec le style épistolaire. Dans une lettre, la manière de faire une demande est soumise à des règles dictées par la circonstance. A qui demande-t-on, et que demande-t-on ?

Si la personne est fort au-dessus de nous, il faut un ton plus respectueux que si elle est à une moindre distance. Si la chose est aisée à obtenir, on a moins besoin d'insister, que s'il y a des obstacles à surmonter. Si le service dépend de celui à qui l'on s'adresse, il y a peut-être quelques ménagements de moins à garder que si le service exigeait de sa part, l'entremise d'un tiers.

Ces sortes de lettres peuvent être plus longues que des lettres ordinaires, pourvu que ce qu'on demande soit parfaitement expliqué. On doit éviter la familiarité, la gaîté, la fierté. Il faut de l'adresse et du tact, afin de rendre favorable à nos désirs l'homme qui peut les satisfaire. Parlez à son cœur, intéressez son amour-propre, faites valoir vos rapports avec lui, ne craignez pas de donner une grande importance à la grâce demandée, et faites sentir que vous en aurez une reconnaissance aussi vive que durable.

Modèles de lettres de Demande.

A un ami pour obtenir, par son entremise, quelque grâce auprès d'un ministre.

Monsieur,

Le crédit dont vous jouissez auprès du ministre de.... est un effet de votre mérite et de son discernement ; j'aurais désiré vous en voir jouir sans être obligé d'y avoir recours : mon amitié vous en eût paru plus désintéressée, quoique cependant elle ne l'ait pas été davantage ; mais les circonstances me contraignent d'agir autrement, et je me félicite encore de ce que celui qui peut m'être utile a bien voulu m'assurer plusieurs fois que j'étais du nombre de ses amis. Si je consulte mon cœur, je me sens digne d'un semblable bonheur. J'en agis donc avec plus de hardiesse et d'espoir. Je m'explique : (ici se trouve le détail de l'affaire qui occasionne cette lettre.)

Voilà le service que j'attends de vous ; il est, comme vous le voyez, d'une grande importance pour moi ; mais je suis très assuré que, pour peu que vous daigniez m'appuyer, mes affaires prendront la tournure la plus heureuse : je ne vous troublerai pas davantage. J'appréhenderais non seulement de vous faire croire que je compte peu sur vous, mais encore de diminuer le plaisir que vous m'avez toujours témoigné prendre à m'obliger.

Pour demander protection pour soi-même.

Monsieur,

Vous avez eu la bonté de me permettre de recourir à vous dans les affaires les plus importantes qui pouvaient me regarder. Dans cette confiance, je vous prie de m'accorder votre protection ; je demande au ministre (désigner la demande.) Puis-je, monsieur, me présenter chez vous, pour vous prier d'apostiller ma pétition, et de la recommander au ministre même ? J'attendrai votre réponse avec l'espoir que votre bienveillance m'inspire, et je suis avec un profond respect, etc.

Réponses aux lettres de Demande.

Il n'y a que trois manières de répondre aux lettres de demande ; accorder, refuser, promettre.

Quand on accorde, il faut l'annoncer promptement; c'est doubler le bienfait. L'homme qui l'attend est dans une telle impatience qu'on ne peut trop tôt l'en délivrer. On ajoute encore à sa satisfaction, en entourant le bienfait de tout ce qui le peut embellir; on en diminue l'importance, et l'on en augmente le prix par l'adresse que l'on met à le dépriser ; on insiste sur la satisfaction qu'on éprouve à obliger, et toujours on dissimule les peines que le bienfait a coûtées.

Le refus exige beaucoup plus d'art, car il n'est rien de plus pénible, pour quelqu'un qui a du cœur, que de refuser. Tout ce que l'esprit a de ressources s'emploie alors à ôter à ce cruel mot *non* ce qu'il a d'odieux et de dur : on n'a pas pu ; on a fait tout ce qui dépendait de soi, on a trouvé tant d'obstacles ; il y a tant de solliciteurs, etc. On exprime ensuite ses regrets, non par de vaines formules, mais par des phrases bien senties, et l'on tâche de laisser toujours entrevoir quelque rayon d'espoir, pour peu qu'il en reste.

En effet, l'espérance est la meilleure consolation à offrir à ceux dont on n'a pu seconder les vues. On promet de redoubler d'efforts, quand une nouvelle occasion d'agir se présentera, et l'on se flatte d'être plus heureux.

Lettres de Remercîment.

C'est un devoir indispensable de remercier quand on a reçu un service. On mesure l'expression de la reconnaissance à la grandeur de la grâce reçue et au caractère de bienfaiteur. En général, on doit être respectueux sans bassesse, flatteur sans flagornerie, gai sans excès. Le cœur, plus que l'esprit, doit faire les frais de la reconnaissance, qui loin de paraître un fardeau pour celui qui remercie, ne doit sembler qu'un devoir bien doux à remplir. C'est pour cela que la gaîté est de mise dans une lettre de remercîment.

Ce n'est qu'entre égaux que l'on peut laisser entrevoir qu'à la première occasion on usera de retour, et alors même, il y a à craindre de paraître considérer le bienfait reçu comme une dette dont on cherchera à se décharger quand on le pourra. Il est mieux de ne faire aucun retour sur soi-même, d'attacher un grand prix au service rendu, et de promettre une reconnaissance qui durera toujours. Se montrer profondément sensible aux grâces que l'on obtient, c'est se concilier encore plus la bienveillance de ceux qui les ont accordées, et les exciter à en accorder de nouvelles.

Modèles de lettres de Remercîment.

Pour remercier une personne de nous avoir donné sa protection que nous ne lui demandions pas.

Monsieur,

Je suis pénétré du service que vous m'avez rendu, et ce qui me charme le plus dans votre procédé, c'est que vous m'ayez accordé votre protection sans que je l'aie sollicitée. Par la noblesse de votre action, jugez, monsieur, de ma reconnaissance et de mon respect. Si rien n'égale vos bontés, rien non plus n'égale le sentiment qui me les fait reconnaître.

Pour remercier une dame des attentions qu'elle a eues pour une autre dame.

Madame,

Je m'empresse de vous faire des remercîments, mon épouse vient de me marquer quels ont été les témoignages d'amitié que vous lui avez donnés. Cela ne m'a pas surpris ; car il y a longtemps que je connais votre cœur, et que je suis persuadé qu'on n'en saurait trop faire d'estime. Me sera-t-il donc donné le pouvoir, de mon côté, de vous montrer combien je suis sensible à des attentions aussi généreuses. Je pense au moins, madame, que vous ne douterez pas quelle joie j'aurais à rendre à vous ou à ceux qui vous sont chers, les soins que vous avez accordés à mon épouse ; mais que j'aie le bonheur de m'acquitter, ou que je vous reste toujours redevable, je n'en serai pas moins votre serviteur le plus dévoué.

Pour remercier une personne qui a pris notre défense pendant notre absence.

Monsieur,

Je vous dois des remercîments, peut être me demanderez-vous à quel sujet : ce ne serait pas étonnant que vous eussiez oublié le service que vous m'avez rendu d'autant plus généreusement que vous ignoriez que je l'apprendrais. Veuillez donc vous rappeler que jeudi dernier, chez madame G..., une personne dont je veux oublier le nom, éleva des doutes injurieux sur ma réputation. On l'écouta, suivant la coutume, et personne n'eût daigné répondre pour confondre le calomniateur, s'il ne se fût trouvé dans la société un homme de bien, qui ne se contente pas d'avoir des vertus ; mais qui prend encore plaisir à confondre le vice. C'est vous, monsieur ; il semble qu'on soit convenu de recevoir avec politesse ce qu'on ne croit pas. On craint de donner un démenti à un homme que l'on sait bien n'être qu'un calomniateur : on va même jusqu'à lui prêter une attention dont il est indigne, c'est un usage reçu. Si cet homme qui prend tant de plaisir à débiter des faussetés sur mon compte, eût parlé de ravir la plus petite partie de mon bien, tout le monde en aurait eu horreur, et se fût empressé de me le dénoncer ; il a voulu m'enlever ma réputation, qui est plus que ma fortune, on l'a laissé paisiblement achever ses mensonges, on ne lui a pas témoigné moins de considération pour cela. Voilà les hommes, et c'est parce qu'il sont presque tous ainsi, monsieur, que je vous ai tant de gré de m'avoir défendu ; votre défense m'honore encore plus qu'elle ne m'est utile, en apprenant aux autres que vous m'avez jugé digne de votre estime. Je reçois, avec une sorte d'orgueil, le témoignage public que vous m'en donnez ; je désirerais que la mienne, que je serais forcé de vous accorder en secret, si j'avais l'injustice de vous la refuser hautement, pût vous causer autant de plaisir que m'en a fait la vôtre.

Je suis, etc.

A une personne qui nous a fait obtenir une grâce.

Monsieur,

Je viens de recevoir votre lettre du premier juillet, par laquelle je vois la grâce que l'Empereur... ou le Ministre... m'a faite à votre sollicitation. Cette grâce, et la manière dont vous vous êtes toujours employé pour moi, me touchent si sensiblement, que j'ai de la peine à vous dire au point où cela me touche. Mais, monsieur, aidez-moi, je vous supplie, à vous remercier. Dites-vous bien à vous-même que je sens pour vous toute la reconnaissance et toute l'amitié qu'un bon cœur peut ressentir quand on l'a comblé de bienfaits et d'honnêtetés. Je partirai d'ici au premier jour pour Paris. Que je serais heureux si je pouvais vous dire moi-même que personne ne sera jamais à vous plus que moi,

Votre, etc.

A un ami.

Monsieur,

Vous ne vous lassez jamais de m'obliger ; mes lettres ne vous donnent que de la peine, et les vôtres me font toujours quelque bien : c'est un commerce où je gagne continuellement, et où vous perdez toujours. Mais quel moyen d'arrêter la générosité de votre âme ! et vous voulez toujours ajouter les bons offices aux bons conseils. Tout ce que je puis vous dire, c'est que j'en ai une reconnaissance parfaite, et que personne ne sera jamais plus que je suis, etc.

Lettre d'amitié et de reconnaissance.

Vous auriez grande raison, monsieur, de vous plaindre de ma négligence à vous rendre réponse, après la déclaration que vous m'aviez faite dans votre dernière lettre, que vous m'aimiez. Il est vrai que vous m'avez donné de la vanité, et je ne devais pas être trop négligent à vous le dire. Vous me rendez un peu justice de m'aimer, monsieur, car personne ne vous estime tant ni avec une plus grande connaissance de cause que moi. Je connais tout cé qu'il y a de gens de mérite dans le pays, j'ai conversé avec tous ceux qui se mêlent d'écrire, il n'y en a point à qui je vous préfère, et c'est avec la plus grande sincérité du monde que je vous en assure. Mon indisposition m'empêche de vous envoyer mes réflexions ; car je ne suis point assez bien pour m'appliquer à les arranger ; ce sera pour une autre fois, s'il vous plaît. J'ai eu de grandes conférences avec madame de S.... sur le dessein que vous aviez de revenir à Paris pour vos affaires : elle doit vous avoir mandé mes pensées ; s'il vous venait dans l'esprit quelque expédient où nous puissions quelque chose, mandez-le nous. Je crois que vous pourriez aussi écrire de temps en temps à madame de.... du besoin que vous avez de revenir à Paris pour vos affaires. Je suis, avec mon respect ordinaire, votre, etc.

Réponse.

Monsieur,

J'ai bien du chagrin d'être longtemps sans recevoir de vos lettres ; mais c'est encore moins pour la raison qui vous empêche de m'écrire, que pour le plaisir que je n'ai pas quand vous ne m'écrivez point. Je voudrais bien que vous fussiez toujours en bonne santé ; car je n'aime pas que mes amis souffrent. Au reste, vous n'avez pas sujet de me craindre quand vous m'écrivez, ce n'est pas parce que je suis indulgent, c'est parce qu'il vous est aisé de bien écrire. Je vous avoue que je suis un peu juste et délicat, mais vous l'êtes aussi ; et pour écrire des lettres familières, il ne faut qu'être naturel.

Lettres d'Affaires.

La clarté doit être le mérite nécessaire de ces lettres. Il ne saurait y être question d'esprit ou de sentiment. Il faut expliquer sans obcurité la chose dont il s'agit, de manière à être compris même de ceux dont l'intelligence n'a rien au-dessus de l'ordinaire. Quand on traite une affaire. il faut en poser les conditions avec netteté, parce que s'il y a du vague, on risque d'être mal compris, et plus tard on s'expose à des procès. Jamais les phrases ne doivent prêter à plusieurs interprétations ; c'est laisser le champ libre à la mauvaise foi. On doit tout dire, mais il faut éviter la prolixité. C'est souvent au moyen de ces phrases de remplissage, qu'un adversaire cherche les moyens de faire tourner à son profit ce qu'on n'avait pas l'intention de lui accorder. Ne promettez que ce que vous pourrez tenir ; ce que vous aurez montré comme une espérance, on le considérera comme un engagement. Les lettres d'affaires demandent la connaissance des matières que l'on traite, l'expérience, la prudence, le jugement. Elles ne sont pas difficiles pour ceux qui possèdent tout cela, elles le sont beaucoup moins que celles où l'esprit est en jeu, mais quiconque ne se sent pas apte à les écrire avec les conditions nécessaires, fera bien de recourir à la plume d'un ami ou d'un homme d'affaires, pour ne pas s'exposer à compromettre ses intérêts.

Modèles de lettres d'Affaires.

Lettre pour un règlement de compte.

Je suis chargé par mon parent M.... de régler avec vous, Monsieur, le compte que vous avez ensemble. Selon ses notes, il lui reviendrait un solde, tandis que, d'après les vôtres, vous ne lui devriez plus rien. Soyez assez bon pour bien examiner les copies de ses notes que je vous remets sous ce pli ; vous pourrez mettre de côté toutes celles sur lesquelles vous êtes d'accord ; et ensuite comparer avec les vôtres celles sur lesquelles vous différez. Quand vous aurez fait ce travail préparatoire, si vous voulez bien me dire le jour et l'heure où je pourrai vous voir, nous examinerons ensemble d'où proviennent ces différences, et j'espère que nous n'aurons aucune peine à arriver à un règlement final, puisque nous ne voulons tous que ce qui est juste.

Lettre pour l'achat d'une terre.

J'ai appris que vous étiez disposé à vous défaire de la terre que vous avez à...... Je connais quelqu'un à qui elle pourrait convenir. Si en effet vous êtes décidé à la vendre, soyez assez bon pour me le dire, et en même temps me fixer le prix que vous voudriez en obtenir. Pour que l'affaire puisse aboutir, il ne faudrait pas que votre demande dépassât une juste limite ; car vous savez qu'en ce moment les immeubles sont d'une réalisation difficile.

Lettres Commerciales.

Les instructions relatives aux lettres d'affaires en général s'appliquent aussi aux lettres commerciales, dont le caractère principal doit être la clarté et la précision. Il faut être bref, toutes les fois que la briéveté n'exclut pas la clarté.

Il faut surtout être clair et explicite dans les ordres que l'on donne. Si l'exécution de ces ordres dépend de telle ou telle circonstance, il faut les prévoir, et indiquer comment on devra agir selon les changements de circonstance, pour éviter les malentendus et les discussions.

Il est très utile de ne pas traiter verbalement les affaires importantes ; quand elles l'ont été de cette manière, les négociants expérimentés ont soin de constater dans une échange de lettres les points principaux dont on est convenu.

Modèles de lettres Commerciales.

Avis à une personne qui commence les affaires.

Mon cher Monsieur, vous me demandez mon avis sur l'intention que vous avez de vous établir pour faire le commerce. Je vous ferai connaître très volontiers ma manière de voir à ce sujet.

D'abord, tâchez d'acquérir toutes les connaissances qui se rattachent aux affaires, et après cela, soyez irréprochable dans votre conduite ; vous obtiendrez par là la confiance et le crédit.

Ne commencez pas aux époques de crises commerciales, et observez les évènements politiques, pour ne pas vous lancer dans les affaires, au moment où une guerre serait prête à éclater.

Ne vous établissez pas avant d'avoir des fonds suffisants. Ayez toujours des fonds en réserve, pour faire face à des demandes imprévues, ou à des remboursements d'effets en retour.

A moins d'occasions très favorables, ne vous associez avec personne ; travaillez seul.

Tenez toujours vos écritures dans le plus grand ordre. Exercez-vous à acquérir un bon style épistolaire ; c'est une qualité toujours précieuse, surtout dans le commerce.

Soyez toujours prompt à répondre aux lettres que vous recevez ; c'est le moyen d'obtenir beaucoup de commissions.

Liez-vous avec des maisons respectables, et évitez de faire des affaires avec celles dont la probité est douteuse.

Soyez exact à remplir vos engagements ; vendez et achetez au comptant, autant que possible.

Circulaire annonçant l'établissement d'une Agence Commerciale.

Messieurs,

Nous avons l'honneur de vous informer que nous avons établi une maison d'Agence Commerciale, à...... sous la raison sociale A... B... et Cie.

Notre intention est de nous borner aux affaires à la commission, et nous venons vous offrir nos services, en vous assurant que nous apporterons les plus grand soins à la gestion des opérations que vous voudrez bien nous confier.

Nous espérons que la liste ci-jointe des maisons auxquelles vous pourrez demander des renseignements sur notre compte, suffira pour justifier la confiance que nous sollicitons de vous, car nous avons l'avantage de pouvoir compter sur leur considération et sur leur appui.

Ci bas nos signatures.

Agréez, Messieurs, nos civilités les plus empressées.

Lettres de Recommandation.

Les lettres de recommandation se confient ouvertes à la personne que l'on recommande et qui les remet elle-même. De là suit, qu'elles ne doivent contenir que des choses favorables au recommandé. Si on le connaît intimement, on doit dire tout le bien qu'on en sait. Mais il est prudent de ne pas prodiguer ce genre de lettres, parce qu'on se porte, pour ainsi dire, moralement caution de celui qu'on recommande. Lorsqu'on n'a pas pu refuser une lettre de recommandation à quelqu'un que l'on connaît peu, ou ce qui est pire, que l'on considère peu, il faut se renfermer dans des termes très vagues, qui ne puissent pas se prendre pour autre chose que comme une simple introduction. Il y en a qui vont plus loin, et qui après avoir donné une lettre de recommandation, écrivent en particulier à la personne à qui elle est adressée, pour lui dire franchement ce qu'on pense. Il y a là une espèce de duplicité qu'on a peine à justifier. Il vaudrait mieux dans un cas pareil refuser la lettre de recommandation qu'on vous demande.

Modèles de lettres de Recommandation.

Lettre de Recommandation.

J'ai l'honneur d'introduire auprès de vous, M.... qui se rend dans votre ville pour ses affaires. Il aura besoin de quelque renseignement et peut-être de quelques recommandations. M.... est une personne parfaitement honorable et que vous pouvez présenter à vos amis comme méritant leur considération. Je ne doute pas que vous ne soyez disposé à faire pour lui ce qui sera en votre pouvoir. Je vous serai donc reconnaissant des services que vous lui rendrez comme si vous me les rendiez à moi-même. Je vous prie, en retour, d'user librement de mon ministère en tout ce qui pourra vous être utile ou agréable; ce sera me faire plaisir que d'en agir ainsi avec moi.

Lettre de Recommandation et de Crédit.

La personne qui vous remettra cette lettre est M..... l'un de mes intimes amis, qui se rend dans votre ville pour une affaire importante. Je viens vous prier de lui fournir non seulement les renseignements qui pourront lui être nécessaires, mais encore, dans le cas où il aurait besoin de quelque argent, de lui compter jusqu'à concurrent de la somme de..... francs, que je vous renbourserais moi-même, s'il ne l'avait pas fait immédiatement à son retour ici, ce qui ne saurait manquer. Je vous serai infiniment obligé des services que vous lui rendrez ; ce sera absolument comme si vous me les rendiez à moi-même, et il ne me restera qu'à attendre l'occasion de vous en rendre de pareils.

Lettres aux personnes que l'on vient de quitter.

L'usage veut que lorsqu'on quitte une personne chez qui on est venu passer quelque temps, on lui écrive aussitôt qu'on est rentré chez soi. On en fait de même lorsqu'on a fait un voyage prolongé avec quelqu'un. Dans ces lettres, on exprime le regret de la séparation, on rappelle les circonstances les plus remarquables qui ont eu lieu pendant qu'on était ensemble, les personnes que l'on a vues ; on exprime l'espoir de se réunir encore, et l'on promet de conserver un souvenir éternel du temps passé ensemble. Si l'on ne pense pas tout ce que l'on dit, on est censé devoir le penser, la politesse l'exige, et il n'y a pas de fausseté à dire ce que la politesse commande, on sait ce que valent ces paroles, et il suffit de s'être conformé à l'usage; y manquer, ce serait être impoli et grossier.

Lettre à une personne que l'on vient de quitter.

Heureusement rentré dans ma famille, je n'éprouve qu'un regret, celui de n'être plus auprès de vous. Le souvenir des doux moments que nous avons passés ensemble m'est toujours présent, et le temps de mon séjour dans votre demeure fera époque dans ma vie. Votre aimable hospitalité s'ingéniait sans cesse à chercher des moyens de me retenir, et je cédais volontiers à des désirs si délicatement exprimés. Recevez ici mes plus affectueux remercîments pour un accueil que je méritais si peu. Que pourrais-je faire pour le reconnaître dignement? Je ne puis que vous offrir à mon tour l'hospitalité dans ma modeste maison, et me mettre entièrement à votre disposition. Usez donc sans réserve de mes faibles services, ce sera un vrai bonheur pour moi que de pouvoir faire quelque chose pour vous.

Lettres pour les Mariages.

Rien de plus délicat que cette sorte de lettres. Le mariage étant l'acte le plus important de la vie, on doit s'attendre à ce que les personnes à qui on en propose la demande ne se décident à l'accepter qu'après mûres réflexions, et seulement lorsqu'ils y voient tous les avantages et toutes les convenances qu'elles peuvent désirer. Une demande en mariage doit donc exposer ces avantages, les faire ressortir, prévoir d'avance les objections, les écarter, enfin présenter le mariage proposé comme acceptable sous tous les rapports.

Les réponses exigent aussi beaucoup de tact. Si l'on accepte, on ne doit pas montrer trop d'empressement, et ne le faire qu'après avoir pris le temps de la réflexion. Si l'on refuse, c'est alors qu'il faut garder de grands ménagements, éviter tout ce qui serait blessant, et s'efforcer de motiver le refus par des considérations qui écartent de l'esprit de la personne refusée toute idée qu'elle ait pu être dédaignée.

Modèles de lettres pour les Mariages.

Lettre d'un jeune homme à un père pour lui demander sa fille en mariage.

Ce n'est pas sans hésitation que je viens vous adresser une demande que vous trouverez peut-être trop hardie. Les grâces personnelles de mademoiselle votre fille et encore plus ses qualités si distinguées ont fait sur moi une impression durable, et m'inspirent un vif désir d'unir mon sort au sien. En homme d'honneur, je n'ai pas dû tenter d'agir auprès d'elle pour me la rendre favorable, et j'ignore comment elle recevra ma proposition, que je ne devais lui faire que par votre canal et avec votre approbation. J'attendrai donc, non sans anxiété, sa réponse et la vôtre. Je comprends que cette réponse ne peut être donnée immédiatement. Il est juste que vous fassiez vos réflexions et que vous preniez vos informations. Je voudrais que les unes et les autres me fussent avantageuses, et j'en serais au comble de mes vœux les plus ardents.

Lettre d'un père à une mère veuve pour lui demander sa fille en mariage pour son fils.

En enfant soumis et bien élevé, mon fils m'a fait part du désir qu'il a conçu de devenir l'époux de mademoiselle votre fille, et il m'a chargé de vous en faire la demande. Je vous avoue que je ne songerais pas à présent à le marier, mais, quoiqu'il soit encore jeune, il a déjà une grande maturité d'esprit, et je suis sûr qu'il deviendra un bon mari et un bon père de famille. De votre côté, peut-être verrez-vous quelque avantage, dans la position où la mort de votre mari vous a mise, de trouver dans un gendre un aide et un appui. Je suis convaincu que mon fils répondrait parfaitement à votre attente. Je soumets ma demande à vos réflexions; si elle vous agrée, je suis prêt à vous fournir tous les renseignements nécessaires sur la question des intérêts, et j'espère que nous tomberons aisément d'acord sur ce sujet.

Réponse à une demande en mariage.

Il m'est vraiment pénible de ne pouvoir accueillir l'honorable proposition que vous avez bien voulu me faire. Ma fille, que j'ai dû consulter avant de prendre aucune décision, se trouve encore trop jeune pour penser à s'établir. Quelque honoré que j'eusse été d'une alliance avec vous, il ne m'est pas possible d'user de mon influence, et de chercher à faire changer des idées que je ne saurais désapprouver. En effet, ma fille est bien jeune, et il n'est pas encore temps pour elle d'entrer dans les soucis du mariage. Je vous renouvelle donc l'expression de mon regret profond.

Autre réponse à une demande en mariage.

La proposition que vous avez bien voulu me faire a été le sujet de toutes mes réflexions. Je l'ai communiquée à ma fille, qui ne m'a pas paru éloignée de l'accepter, mais qui s'en est entièrement rapportée à moi. Elle est prête à se soumettre à ma résolution quelle qu'elle soit. Je viens donc vous prier de vouloir bien charger une personne de confiance de me faire connaître ce que vous comptez faire pour établir votre fils ; de mon côté je lui dirai ce que je donne à ma fille. Les questions d'intérêt traitées par un imtermédiaire sont plus faciles à régler. J'espère qu'elles le seront convenablement, et qu'il me sera alors possible de vous donner une réponse définitive et favorable.

Lettres de Conseils.

Ne donnez jamais des conseils à qui ne vous en demande pas, à moins d'y être obligé par devoir. Un père, une mère, un tuteur ont ce devoir, un ami peut hasarder quelques conseils, s'il croit qu'ils seront bien reçus. Hors de là, faites-vous presser longtemps. Tel qui demande un conseil, ne sollicite qu'une approbation. S'il faut absolument émettre un avis, enveloppez-le de toutes les formules de politesse, de toutes les restrictions, de toutes les gentillesses de style qui ne permettent pas à l'amour-propre de se fâcher, lors même qu'on l'offense.

Lettre de Racine à son fils. *

C'est tout de bon que nous partons pour notre voyage de Picardie. Comme je serai quinze jours sans vous voir, et que vous êtes continuellement présent à mon esprit, je ne puis m'empêcher de vous répéter encore deux ou trois choses que je crois très importantes pour votre conduite.

* Nous donnons quelques lettres d'écrivains célèbres qui enseigneront par leurs exemples comment on doit traiter les sujets les plus délicats.

La première, c'est d'être extrêmement circonspect dans vos paroles, et d'éviter la réputation d'être un parleur, qui est la plus mauvaise réputation qu'un jeune homme puisse avoir dans le pays où vous entrez. La seconde est d'avoir une extrême docilité pour les avis de M. et Madame Vignan, qui vous aiment comme leur enfant.

N'oubliez point vos études, et cultivez continuellement votre mémoire, qui a grand besoin d'être exercée. Je vous demanderai compte, à mon retour, de vos lectures et surtout de l'Histoire de France, dont je vous demanderai à voir des extraits.

Vous savez ce que je vous ai dit des opéras et des comédies ; on en doit jouer à Marly : il est très important pour vous et pour moi-même qu'on ne vous y voie point, d'autant plus que vous êtes présentement à Versailles pour y faire vos exercices, et non point pour assister à toutes ces sortes de divertissements Le roi et toute la cour savent le scrupule que je me fais d'y aller, et ils auraient très méchante opinion de vous, si, à l'âge où vous êtes, vous aviez si peu d'égards pour moi et pour mes sentiments. Je devais, avant toute chose, vous recommander de songer toujours à votre salut, et de ne point perdre l'amour que je vous ai vu pour la religion.

Le plus grand déplaisir qui puisse m'arriver au monde, c'est s'il me revenait que vous êtes indévot, et que Dieu vous est devenu indifférent. Je vous prie de recevoir cet avis avec la même amitié que je vous le donne. Adieu, mon cher fils; donnez-moi souvent de vos nouvelles.

Lettre de Madame de Maintenon à son frère.

On n'est malheureux que par sa faute : ce sera toujours mon texte et ma réponse à vos lamentations. Songez, mon cher frère, au voyage d'Amérique, aux malheurs de notre père, aux malheurs de notre enfance, à ceux de notre jeunesse, et vous bénirez la Providence, au lieu de murmurer contre la fortune. Il y a dix ans que nous étions bien éloignés, l'un et l'autre, du point où nous sommes aujourd'hui! nos espérances étaient si peu de chose, que nous bornions nos vœux à trois mille livres de rente : nous en avons à présent quatre fois plus, et nos souhaits ne seraient pas encore remplis! Nous jouissons de cette heureuse médiocrité que vous vantiez si fort; soyons contents. Si les biens nous viennent, recevons-les de la main de Dieu, mais n'ayons pas des vues trop vastes. Nous avons le nécessaire et le commode; tout le reste n'est que cupidité. Tous ces désirs de grandeur partent du vide d'un cœur inquiet. Toutes vos dettes sont payées; vous pouvez vivre délicieusement sans en faire de nouvelles : que désirez-vous? Faut-il que des projets de richesse et d'ambition vous coûtent la perte de votre repos et de votre santé? Lisez la vie de saint Louis; vous verrez combien les grandeurs de ce monde sont au-dessous des désirs du cœur de l'homme : il n'y a que Dieu qui puisse le rassasier. Je vous le répète, vous n'êtes malheureux que par votre faute. Vos inquiétudes détruisent votre santé, que vous devriez conserver, quand ce ne serait *que* parce *que* je vous aime. Travaillez sur votre humeur : si vous pouvez la rendre moins bilieuse et moins sombre, ce sera un grand point de gagné. Ce n'est point l'ouvrage des réflexions seules ; il y faut de l'exercice, de la dissipation, une vie unie et réglée. Vous ne penserez pas bien tant que vous vous porterez mal : dès que le corps est dans l'abattement, l'âme est sans vigueur. Adieu : écrivez-moi, et sur un ton moins lugubre.

Lettre de la même à sa nièce.

De quoi vous plaignez-vous, ma chère nièce ? de ce que je ne vous ai pas écrit sur la mort de M. de Caylus ? Vous savez si je ne m'y suis intéressée, et nous ne devons pas en être aux compliments. Je suis si malade et si vieille, que je me réduis aux lettres nécessaires. Qu'est-ce que cette dépendance que vous voulez avoir de moi ? Vous êtes en âge et en possession de vous conduire ; que voulez-vous changer à la veille de ma mort ? Vous ne serez pas assez folle pour vous remarier : vivez en bonne mère, ne rentrez pas dans le monde ; choisissez un certain nombre d'amis ; voyez peu d'hommes, et que ce soit d'honnêtes gens : vivez à la vieille mode ; ayez toujours une fille qui travaille dans votre chambre quand vous êtes avec un homme ; défiez-vous des plus sages, défiez-vous de vous-même ; croyez-en une personne qui a de l'expérience et qui vous aime.

Vous êtes encore jeune et belle : au nom de Dieu, ne vous commettez point ; occupez-vous de vos enfants ; servez Dieu sans cabale ; ne méprisez personne, et ne vous entêtez de rien ; suivez la vie commune ; soyez simple, et pardonnez à ma tendresse cette petite instruction ; elle vaut bien un compliment.

Lettres de Reproches.

On ne devrait jamais écrire de lettres de reproches. Telle parole qui dite de vive voix et d'un ton convenable, effleurerait à peine, devient blessante sous la plume. Il faut à peine, dans une lettre, laisser percer le mécontentement, Si l'on se livre à l'humeur, le reproche, au lieu d'amener des excuses ou un raccommodement, ne peut qu'augmenter l'éloignement et conduire à la haine. Plus d'une fois des reproches maladroits ont amené des ruptures. Le reproche a lieu entre amis ; la réprimande de supérieur à inférieur, du père au fils, du chef au subordonné. La réprimande peut être sévère pourvu qu'elle soit juste. Le reproche ne saurait être entouré de trop d'indulgence et de douceur.

Lettre de Madame de Maintenon à M. l'abbé Gobelin.

Jamais je ne souhaiterai plus ardemment d'être hors d'ici. Plus je vais, plus je fais des vœux pour la retraite, et de pas qui m'en éloignent. Je vous en parle rarement, parce que vous dites tout à votre confident. Vous aimez la franchise, et je hais la dissimulation. Je vous conjure qu'il ne sache plus de mes nouvelles par vous. Aujourd'hui je ne l'intéresse point, et il a, sur tout ce qui regarde la cour, des vues, des sentiments, des connaissances qui ne ressemblent pas aux miens.

*Lettre du comte de Bussi à Madame de M***.*

Pourquoi ne me faites-vous point de réponse, Madame ? car vous avez reçu la lettre que je vous écrivis en arrivant ici. Je ne m'étendrai point en longs reproches ; peut-être n'en méritez-vous point. Si vous en méritez, j'aime mieux vous abandonner à vos remords que de me plaindre. Sérieusement, Madame, mandez-moi ce qui vous a empêché de m'écrire : j'aimerais mieux que vous eussiez été un peu malade, que de croire que vous m'eussiez moins aimé.

Lettre de Madame de Scudéri au comte de Bussi.

Ne vous vantez plus de connaître l'amitié, Monsieur : il y a six mois que je ne vous ai écrit, parce que je n'ai bougé du lit tout l'hiver ; et je n'ai pas eu la moindre marque de votre souvenir. Je vois bien que je pourrais être morte deux ou trois ans sans vous en inquiéter, si mon ombre ne vous allait reprocher votre oubli. Prenez-y garde, au moins, cela pourrait bien vous arriver ; car je crois que je saurai aimer au-delà du tombeau.

Lettres d'Excuses.

Lorsqu'on a blessé quelqu'un, même involontairement, à plus forte raison, quand on l'a offensé, on lui doit des excuses ; il n'y a point d'humiliation à reconnaître ses torts, à en témoigner du regret ; il y a au contraire un acte louable à le faire, quand on s'excuse sans bassesse, sans y être amené par la crainte ou l'intérêt. On explique le fait, on en atténue la gravité que l'offensé est toujours disposé à exagérer, on assure que l'on n'a pas eu de mauvaise intention, on témoigne du regret, on exprime le désir d'effacer toute cause de discorde, etc.

Lettre de Madame de Sévigné à M. de Bussi.

Je me presse de vous écrire, afin d'effacer promptement de votre esprit le chagrin que ma dernière lettre y a mis. Je ne l'eus pas plus tôt écrite que je m'en repentis... Il est vrai que j'étais de méchante humeur ; je n'eus pas la docilité de démonter mon esprit pour vous écrire ; je trempai ma plume dans mon fiel, et cela composa une sotte lettre amère, dont je vous fais mille excuses. Si vous fussiez entré une heure après dans ma chambre, nous nous fussions moqués de moi ensemble...

Adieu, comte, point de rancune ; ne nous tracassons plus. J'ai un peu de tort : mais qui n'en a point en ce monde ? Je suis bien aise que vous reveniez pour ma fille. Demandez à M. de C*** combien elle est jolie. Montrez-lui ma lettre, afin qu'il voie que si je fais les maux, je fais les médecines.

Lettre de J.-J. Rousseau à M. Dupeyron, 1766.

Je vois avec douleur, mon cher ami, par votre n° 35, que je vous ai écrit des choses déraisonnables dont vous vous tenez offensé. Il faut que vous ayez raison d'en user ainsi, puisque vous êtes de sang-froid en lisant mes lettres, et que je ne le suis guère en les écrivant : ainsi vous êtes plus en état que moi de voir les choses telles qu'elles sont.

Mais cette considération doit être aussi de votre part une plus grande raison d'indulgence. Ce qu'on écrit dans le trouble ne doit pas être envisagé comme ce qu'on écrit de sang-froid : un dépit outré a pu me laisser échapper des expressions démenties par mon cœur, qui n'eut jamais pour vous que des sentiments honorables.

Au contraire, quoique vos expressions le soient toujours, vos idées souvent ne le sont guère, et voilà ce qui, dans le fort de mes afflictions, a achevé de m'abattre. En me supposant tous les torts dont vous m'avez chargé, il fallait peut-être attendre un autre moment pour me les dire, ou du moins vous résoudre à endurer ce qui pouvait en résulter.

Je ne prétends pas, à Dieu ne plaise, m'excuser ici, ni vous charger, mais seulement vous donner des raisons qui me semblent justes, d'oublier les torts d'un ami dans mon état. Je vous en demande pardon de tout mon cœur ; j'ai grand besoin que vous me l'accordiez, et je vous proteste, avec vérité, que je n'ai jamais cessé un seul moment d'avoir pour vous tous les sentiments que j'aurais désiré vous trouver pour moi... Mon tendre attachement et mon vrai respect pour vous ne peuvent pas plus sortir de mon cœur que l'amour de la vertu.

Lettre de Madame de La Fayette à Madame de Sévigné, 1673.

Hé bien, hé bien, ma belle! qu'avez-vous à crier comme un aigle ? Je vous mande que vous attendiez à juger de moi quand vous serez ici ; qu'y a-t-il de si terrible à ces paroles ? Mes journées sont remplies. Il est vrai que Bayar est ici, et qu'il fait mes affaires ; mais quand il a couru tout le jour pour mon service, écrirai-je ? encore faut-il lui parler. Quand j'ai couru, moi, et que je reviens, je trouve M. de La Rochefoucauld, que je n'ai point vu de tout le jour : écrirai-je ? M. de La Rochefoucauld et Courville sont ici, écrirai-je ? Mais quand ils sont sortis ? Ah ! quand ils sont sortis, il est onze heures, et je sors, moi. Je couche chez nos voisins, à cause qu'on bâtit devant nos fenêtres. Mais l'après-dînée ? J'ai mal à la tête. Mais le matin ? J'y ai mal encore ; et je prends des bouillons d'herbes qui m'enivrent. Vous êtes en Provence, ma belle ; vos heures sont libres, et votre tête encore plus. Le goût d'écrire vous dure encore pour tout le monde ; il m'est passé pour tout le monde ; et si j'avais un amant qui voulût de mes lettres tous les matins, je romprais avec lui. Ne mesurez donc point notre amitié sur l'écriture, je vous aimerai autant en ne vous écrivant qu'une page en un mois, que vous en m'en écrivant dix en huit jours.

PLACETS ET PÉTITIONS.

On appelle *placet*, une supplique ou demande qu'on adresse à un souverain ou à un prince de famille souveraine, et *pétition* une demande adressée à un ministre, au sénat, ou à d'autres autorités d'un rang moins élevé.

Les placets peuvent être présentés au souverain ou aux princes, à leur passage, si l'on peut s'approcher d'eux; ou bien leur être remis par quelque personne qui, par sa charge, a accès auprès de leur personne. A défaut, on peut les mettre sous enveloppe et les jeter à la poste, sans qu'il soit nécessaire de les affranchir.

Les pétitions aux ministres et autres autorités sont déposées, sous enveloppes, chez le concierge de leur hôtel, ou bien transmises par la poste. Excepté pour les ministres, le sénat, les directeurs généraux, et quelques autres hauts fonctionnaires, il est nécessaire d'affranchir les pétitions.

L'adresse des pétitions doit être indiquée avec soin, de même que le domicile du pétitionnaire, parce qu'une pétition qui arrive à une autre personne que celle à qui on a voulu la faire ne peut recevoir de réponse ; il en est de même, quand, faute d'indication précise, on ne connaît pas le vrai domicile de celui qui l'a signée, ou que son nom n'est pas écrit d'une manière lisible.

Dans les placets, comme dans les pétitions, on doit énoncer brièvement, quoique avec clarté, ce qu'on demande, parce qu'on a affaire à des gens accablés de sollicitations ; ne pas craindre de montrer trop de respect et de soumission, pour ne pas blesser par un ton hautain ou sec ceux qui ont entre leurs mains la grâce que l'on désire.

Il est bon, quand on le peut, de faire apostiller sa demande, par quelque personne élevée en dignité, dont le caractère et la position sont une garantie de la vérité de ce qu'on dit, de la justice de ce qu'on sollicite, ou des droits que l'on a à une faveur.

En général les pétitions et les placets s'écrivent sur papier dit *ministre*. Si l'on est obligé d'écrire sur la seconde page, ce qu'on doit éviter, si c'est possible, pour ne pas fatiguer par trop de longueur, on doit laisser en blanc tout le haut de cette seconde page (ainsi que de la troisième, si l'on va jusque là), et ne commencer la première ligne qu'à l'endroit qui correspond à la première ligne du texte même de la pétition. On comprend, d'après ce que nous venons de dire, que le blanc du haut de la seconde page, correspond à toute la suscription, dates, titres, etc., qui précèdent la matière.

Quant aux pétitions sur papier timbré, où il ne s'agit que d'affaires, on n'a pas besoin d'y mettre le même cérémonial. Il suffit de bien indiquer les adresses, et d'être clair et précis, car, en général, ces pétitions passent immédiatement dans les bureaux. L'essentiel est qu'elles ne contiennent rien que de convenable, et que l'affaire y soit nettement exposée.

Modèles de Placets et de Pétitions.

Placet à l'Empereur.

A Sa Majesté l'Empereur des Français.

Sire,

Une épouse désolée se jette aux genoux de Votre Majesté pour implorer la grâce de son mari, qu'un jugement équitable, sans doute, mais trop rigoureux, a condamné à perdre la vie. Les lois ont dû le juger coupable ; mais si Votre Majesté daigne examiner le procès dans son Conseil privé, j'ose espérer qu'Elle y trouvera des circonstances auxquelles sa sensibilité ne résistera pas. La clémence est la vertu des grands Princes : et lorsque Votre Majesté, en montant sur le trône, s'est réservé le droit de faire grâce, Elle a prouvé qu'Elle ne voulait pas renoncer au plus bel apanage d'une couronne que son courage et les bienfaits dont Elle comble son peuple lui ont si justement acquise.

Sire, c'est de vous seul qu'une mère, et trois enfants presque encore au berceau, attendent leur sort. Un seul mot de votre bouche va les réunir à la foule innombrable de ceux qui bénissent chaque jour votre nom.

J'ai l'honneur d'être avec le plus profond respect,

Sire,

De votre Majesté Impériale,

La très humble et très fidèle sujette.

N. . . .

A l'Empereur pour demander une place.

Sire,

Un père de famille, que des revers de fortune ont privé de moyens suffisants d'existence, et muni de lettres de recommandations et de certificats qui attestent sa capacité et sa moralité, sollicite de Votre Majesté, la faveur de...... en remplacement de.....

Ce sera un grand honneur pour lui que de tenir de Votre Majesté un bienfait qui sera le soutien de toute une famille, et fera son bonheur. Chaque jour elle fera des vœux au ciel pour le souverain qui aura daigné abaisser ses regards vers son infortune.

A l'Impératrice pour demander à être réintégré dans une place qu'on a perdue.

Madame,

L'emploi qui faisait vivre le soussigné avec sa famille vient de lui être enlevé, par suite de dénonciations calomnieuses. Des certificats, émanant de personnes élevées en dignité, prouveront à Votre Majesté, que la religion du ministre a été surprise. Le soussigné, privé aujourd'hui de tous ses moyens d'existence, a recours à votre haute intervention pour que son emploi lui soit rendu, ou au moins pour qu'il soit pourvu d'un emploi équivalent. Ce nouveau bienfait rendra la vie à une famille qui ne cessera d'adresser des vœux au ciel pour la conservation des jours de Votre Majesté et de Son Auguste Époux.

Une mère à l'Impératrice pour lui demander un secours dans ses couches.

Une mère de famille que la mort de son mari vient de réduire à la misère est sur le point d'accoucher, et de ne plus pouvoir, momentanément au moins, travailler pour nourrir ses autres enfants. Sachant qu'on n'implore jamais en vain Votre Majesté, elle s'est enhardie jusqu'à venir vous supplier de lui accorder un secours pour les dépenses de ses couches et de l'allaitement de son enfant. Elle recevra ce nouveau bienfait avec une reconnaissance sans bornes, et elle bénira votre nom avec tant d'autres mères dont vous ne cessez de soulager l'infortune.

Placet à l'Impératrice.

A Sa Majesté l'Impératrice des Français,

Madame,

La bienfaisance est redescendue sur la terre, et c'est votre cœur qu'elle a choisie pour son Trône. Dans cette heureuse assurance, une pauvre veuve, chargée de quatre enfants en bas âge, ose supplier Votre Majesté de mettre un terme à sa détresse. Le ciel, en vous plaçant au premier rang, a donné un appui au faible, une consolatrice aux affligés, une mère aux orphelins. Que pourrais-je ajouter de plus pour exciter la sensibilité de Votre Majesté, lorsqu'il est prouvé à chaque instant que tous ses vœux, tous ses efforts ne tendent qu'à faire disparaître le malheur de la surface de son Empire ?

Daignez donc, madame, prendre en considération l'état déplorable où se trouve plongée, sans qu'il y ait de sa faute, celle qui a l'honneur d'être avec le plus profond respect,

de Votre Majesté Impériale, la très humble
et très obéissante sujette,

N. . . .

Placet à un Prince ou à une Princesse de la Famille Impériale.

Monseigneur ou Madame,

Je prends la liberté de recommander à la protection de votre Altesse Impériale, une personne que la fortune n'a favorisée que du côté des talents et de l'éducation. Il écrit à merveille, parle plusieurs langues, et s'est toujours montré d'un commerce fort aimable dans la société. Il ferait un excellent secrétaire, ou pourrait s'acquitter avec honneur de l'emploi de gouverneur d'enfants de bonne famille. Son extérieur est excessivement simple, son abord très timide, mais il gagne infiniment à être connu. J'ose concevoir l'espoir flatteur que votre Altesse Impériale, qui daigne m'honorer de quelque confiance, et qui se fait un bonheur d'être utile au mérite obscur, n'aura jamais de reproches à me faire sur le sujet pour lequel je sollicite ses bontés.

J'ai l'honneur d'être, avec le plus profond respect,

Monseigneur, ou Madame,

De Votre Altesse Impériale,

Le très humble et très obéissant serviteur.

Placet au Grand-Chancelier de la Légion d'Honneur.

A Son Excellence Monseigneur le Grand-Chancelier de la Légion d'Honneur,

Monseignenr,

J'ai l'honneur de recommander à la juste protection de Votre Excellence, et de vous prier de mettre sous les yeux de Sa Majesté l'action de bravoure d'un caporal du 19e régiment de ligne, faisant partie du corps qui est sous mes ordres. Ce brave homme, à la bataille de. . . , s'est emparé, seul, d'une pièce de canon, qu'il a enlevée à l'ennemi avec une audace étonnante. Dès qu'il s'est aperçu qu'il en était à peu près maître, il a appelé deux de ses camarades qui l'ont aidé à la traîner jusqu'à sa compagnie. C'est sur le rapport de son capitaine, qui a reçu cette pièce, et des deux compagnons de ce beau trait, que je vous certifie cet acte de courage. Je vous demande pour lui la décoration de la Légion d'honneur. Ce sera une juste consolation pour ce brave militaire, que les blessures qu'il a reçues dans cette occasion ont privé de son bras droit.

Je joins à la présente le certificat détaillé et signé de tous les officiers de sa compagnie, et d'un de mes adjudants, témoin oculaire, et j'ai l'honneur de vous prier de croire que je suis avec le plus profond respect,

Monseigneur,

De Votre Excellence,

Le très humble et dévoué serviteur.

Pétition au Ministre de l'Intérieur.

A Son Excellence Monsieur le Ministre de l'Intérieur,

Monsieur le Ministre,

Pierre-Emmanuel-Prosper Dupont, né à. . . âgé de. . . ans, a l'honneur d'exposer à Votre Excellence qu'ayant appris qu'il y avait plusieurs places vacantes à la Bibliothèque de. . . , il ose solliciter votre protection pour obtenir une de ces places.

Ses moyens, pour exercer cet emploi, consistent dans une bonne éducation, dont le fruit est la connaissance de plusieurs langues, telles que le grec, le latin, l'anglais, l'italien, etc.

Si votre Excellence daigne agréer sa demande, il se fera un devoir par son zèle de se rendre digne de votre puissante protection.

C'est dans ces sentiments qu'il prend la liberté de se dire, avec le plus profond respect,

de Votre Excellence,

Le très humble et très obéissant serviteur.

Au Ministre de la Guerre pour solliciter la croix de la Légion d'honneur.

Un ancien militaire, blessé à la bataille de...., pourvu des états de service les plus honorables, s'est vu privé, par suite d'une erreur ou d'un oubli, de la récompense qu'il ambitionnait le plus. Il vient aujourd'hui demander à Votre Excellence la décoration de la Légion d'honneur, à laquelle il croit avoir des droits sérieux. Les certificats les plus flatteurs dont il est muni prouveront qu'il n'affirme rien que de vrai. Il ose donc espérer que Votre Excellence, après avoir fait vérifier ses pièces, voudra bien lui accorder sa demande. Il bénira votre justice et sa reconnaissance n'aura point de terme.

Au Ministre de la Guerre pour avoir des renseignements sur un militaire qui n'a plus donné de ses nouvelles.

N...... soldat au...... régiment de ligne, a cessé de donner de ses nouvelles depuis le.... ; aucune pièce officielle n'est parvenue à sa famille, pour établir sa position actuelle. Elle a recours à Votre Excellence pour qu'elle ordonne des recherches, et que s'il a eu le malheur d'être tué, blessé, ou fait prisonnier, ses parents en soient informés d'une manière certaine. Ils vous seront extrêmement reconnaissants de votre bonté.

Au Ministre des Finances pour obtenir le payement d'une somme due à un militaire décédé.

Le soussigné.... unique héritier, ainsi qu'il le justifie par les pièces annexées à la présente pétition, du Sieur.... ancien militaire pensionné, a l'honneur de prier

Votre Excellence de vouloir bien l'autoriser à toucher la somme de.... qui reste due au dit...... sur sa pension jusqu'au jour de son décès.

Au Ministre des Finances pour demander un bureau de tabac.

La sousssignée, veuve du sieur. . . ancien employé (ou militaire) mère de. . . enfants, a l'honneur de vous exposer que ses infirmités ne lui permettent plus de subvenir aux besoins de sa famille, et les services de son mari lui donnant quelques titres à vos bontés, elle ose solliciter un bureau de tabac, dont la gestion lui procurera les moyens d'existence qui lui manquent. Elle joint à la présente pétition les pièces qui constatent qu'elle est digne des faveurs de Votre Excellence.

Pétition au Ministre des Finances.

A Son Excellence Monsieur le Ministre des Finances.

Monsieur le Ministre,

Jacques-François Méon, propriétaire cultivateur à..., département de. . . , a l'honneur de représenter à Votre Excellence, qu'il a été porté sur le rôle des contributions foncières de l'an. . . pour la somme de...

Les ravages causés par les inondations et par la grêle qui ont dévasté la commune dans laquelle sont assises ses propriétés, lui ont fait particulièrement un notable dommage par la situation de ses biens, et le mettent hors d'état d'acquitter la somme à laquelle il se trouve imposé.

Il supplie donc Votre Excellence de prendre en considération la pénible situation d'un père de famille, qui se voit enlever l'espoir de ses travaux par des fléaux inévitables, et d'ordonner la modération de son imposition.

Le réclamant a l'honneur d'être avec le plus profond respect,

Monsieur,

De Votre Excellence,

Le très humble et obéissant serviteur.

Au Ministre de l'Instruction publique pour obtenir une bourse pour son fils.

Une bourse étant vacante au Lycée de...., le soussigné a l'honneur de la demander à Votre Excellence, pour son fils qui est déjà élève dans le dit Lycée, et qui par sa conduite et ses succès mérite d'être encouragé à continuer ses études. La position de fortune du soussigné ne lui permettrait pas de le tenir pensionnaire, et la qualité d'ancien employé (ou militaire) lui donne quelques droits à la faveur qu'il sollicite. Les certificats annexés constatent que l'élève mérite aussi cette grâce.

A un Sénateur pour lui demander de le protéger auprès d'un ministre pour l'obtention d'un emploi.

La place de   est vacante en ce moment ; j'ai des droits pour l'obtenir, mais je suis sans protecteur.

Je n'ai que vous, Monsieur le Sénateur, pour m'appuyer auprès du Ministre de qui dépend cette nomination. Les concurrents ne manquent pas, mais, ainsi que vous le verrez par les pièces qui sont jointes à la présente, je crois mériter mieux que tout autre la faveur que je sollicite. Il suffira d'appeler l'attention du Ministre sur mes titres, et c'est ce que je viens vous supplier de faire pour moi. Ma reconnaissance envers vous, Monsieur le Sénateur, sera d'autant plus grande que ce sera à vous en réalité que je devrai cet emploi.

Pétition au Préfet de Police.

A Monsieur le Conseiller d'Etat, Préfet de Police,

Monsieur le Préfet de Police,

J'ai eu le malheur de perdre mon portefeuille il y a quelques jours. Je l'ai vainement fait afficher; je n'en ai point eu de nouvelles. Outre le désagrément d'avoir perdu deux billets de Banque, j'éprouve encore celui d'être privé de mon passeport. Etranger à Paris, je n'ai d'autre caution à vous offrir que la personne chez laquelle je suis logé, qui est un des plus forts négociants de cette ville, et qui me connaît, ainsi que ma famille, depuis nombre d'années. J'ai rempli toutes les formalités qu'exige la loi ; et j'en joins les pièces à la présente. J'ose donc vous supplier, Monsieur le Préfet, de me faire expédier un nouveau passeport, et de me croire, avec la plus haute considération,

Monsieur le Préfet,

Votre très respectueux serviteur.

A un Préfet pour obtenir un emploi.

Le soussigné, ancien militaire, ayant appris que l'emploi de.... à ..... était disponible, vient le solliciter pour lui. Ses titres, outre ses services à l'armée, sont une bonne conduite, des connaissances suffisantes, une famille nombreuse à soutenir. Les pièces ci-jointes prouvent la vérité de ce qu'il avance. Il ose donc espérer, Monsieur le Préfet, que vous daignerez lui accorder la faveur qu'il sollicite.

A un Préfet, pour demander une réduction de Contributions.

Monsieur le Préfet.

Le soussigné, a l'honneur de vous exposer qu'ayant été taxé a la somme de. . .   pour sa contribution mobilière de l'an. . . ,   il résulte de cela que la maison qui a servi à fixer cet impôt a sans doute, probablement par erreur, été évaluée à un revenu beaucoup plus important que celui qu'elle produit réellement.

Il vous supplie donc, Monsieur le Préfet, que d'après une nouvelle estimation, il lui soit accordé une réduction, qui rétablisse sa contribution au taux fixé par la loi.

Confiant dans le droit que vous ferez à sa demande, il a l'honneur d'être avec respect, etc. . .

Pétition à un Préfet de Département.

A Monsieur le Préfet du Département de...

Monsieur le Préfet,

En vertu d'un arrêté pris par le Conseil de Préfecture, pour la confection d'un chemin vicinal conduisant de... (tel endroit) à... (tel endroit), ma propriété éprouve une diminution de 65 ares. Vos commissaires n'ayant évalué cette diminution qu'à 50 ares, l'indemnité que la loi m'accorde se trouverait portée à un cinquième de moins qu'elle ne doit l'être. Persuadé qu'il n'entre pas dans vos intentions de soutenir une telle injustice, j'attends de votre équité que vous voudrez bien nommer de nouveaux commissaires, qui prennent les intérêts du Gouvernement sans léser les droits des particuliers.

C'est dans cette confiance, que votre noble conduite m'a toujours inspirée, que j'ai l'honneur d'être, avec le plus profond respect,

Monsieur le Préfet,

Votre très humble serviteur, etc.

A un Maire pour demander à placer une enseigne.

Je soussigné. . . . domicilié à. . . rue... n°. . .

Ai l'honneur de vous faire observer que j'ai l'intention de faire placer à l'extérieur de mon domicile une enseigne pour ma profession ; que je ne le puis sans votre autorisation. C'est pourquoi je vous fais la présente demande pour qu'il vous plaise, Monsieur, de me permettre de placer la dite enseigne devant mon domicile, en me conformant aux règlements. En attendant cette permission que je réclame de votre justice, je vous salue avec respect.

Présentée à. . . . le. . .

A un Maire, pour lui demander une autorisation de bâtir sur la voie publique.

Le soussigné a l'honneur de vous exposer qu'il est obligé de faire des réparations (*les indiquer*) dans la maison rue. . . n°. . . qui lui appartient ; il vient en solliciter l'autorisation, en se conformant aux règlements de police.

Au Directeur général des Postes, pour réclamer une lettre égarée.

J'ai jeté à la boîte aux lettres de bureau de. . . le. . . une lettre contenant des effets et adressée à. . . Cette lettre n'est point parvenue à son adresse. J'ai réclamé au bureau de. . . On m'a promis de faire des recherches ; j'ignore si elles ont été faites ; en tout cas, il n'en est rien résulté. Je suis donc obligé, Monsieur le Directeur général, de remonter jusqu'à vous, et de vous supplier d'ordonner que de nouvelles recherches soient faites pour que la lettre égarée soit retrouvée.

A un Président de Tribunal, pour se plaindre d'un officier public.

Monsieur le Président.

Le Sieur. . . (avoué) ou notaire, greffier ou huissier m'a réclamé pour la taxe de. . : et pour ses honoraires, la somme de. . . Comme cette somme est considérable comparée à la taxe des frais de justice et que l'on peut qualifier cet acte de véritable concussion, j'ai recours à votre autorité, Monsieur le Président, pour faire cesser une pareille injustice à mon égard, en requérant que le dit Sieur. . . soit obligé de me restituer tout ce qu'il m'a fait donner au-delà de ce que lui permettait le règlement sur la taxe des frais de justice.

J'attends de votre zèle à faire exécûter les lois la répression d'un tel abus, et ferez justice.

Je suis avec un profond respect, etc.

Aux Administrateurs des Hospices pour demander un apprenti.

Messieurs les Administrateurs,

Depuis quelque temps un des enfants de l'hospice de. . . , du sexe masculin, connu sous le nom de. . . , et âgé d'environ. . . ans, m'a fait dire par des personnes qui le connaissent qu'il désirait apprendre la profession de. . . que j'exerce à. . .

C'est ce motif qui m'engage, Messieurs, à avoir l'honneur de vous en adresser la demande dans le but d'en faire un apprenti en me conformant aux règlements d'usage, et à l'expiration de son apprentissage d'en faire un bon ouvrier, s'il est obéissant et appliqué.

Dans l'espoir que vous donnerez une décision favorable à ma demande, je suis avec les sentiments de la plus haute estime,

Messieurs les Administrateurs,

Votre très humble, etc.

FIN.

TABLE

FIN DE LA TABLE.

AMÉDÉE CHAILLOT, Imprimeur-Libraire-Éditeur, à Avignon.

www.ingramcontent.com/pod-product-compliance
Ingram Content Group UK Ltd.
Pitfield, Milton Keynes, MK11 3LW, UK
UKHW021827190726
13853UKWH00003B/1242

9 782329 568515